Auto fahren

© Tomus Verlag GmbH, München 1989
Alle Rechte der Verbreitung, auch durch Fernsehen, Funk, Film,
fotomechanische Wiedergabe, Bild- und Tonträger jeder Art,
sowie auszugsweiser Nachdruck vorbehalten.
Druck: Dr. Cantz'sche Druckerei, 7302 Ostfildern 1 (Ruit)
Bindearbeiten: Sigloch Buchbinderei, Künzelsau

15	16	17	18	19		96	95	94	93	92
			Auflage			Jahr				

(jeweils erste und letzte Zahl maßgeblich)
ISBN 3-8231-0166-80

Auto fahren

Ein fröhliches Wörterbuch für Automobilist(inn)en,
Kapitäne der Landstraße
und andere Kavaliere am Steuer

Von Michael Funcke
mit Zeichnungen von Peter Ruge

Für karen zum

16. geburtstag

Tanja, Jutta + Hans-Günther
aus Heidesheim
Germany

Abgas

A

Abgas — Wie ein nicht unbekannter Bundeskanzler es einmal formulierte: Das, was hinten rauskommt. In dem einen Fall ist es Politik, in dem anderen ein Gemisch aus Blei, Kohlenwasserstoffen, Ruß und anderem. Anrüchig ist oft beides.

ABS — Abkürzung für Aufpreis-Brems-System. Es handelt sich um ein System, das Leben retten kann und deshalb solchen Leuten vorbehalten bleiben muß, die sich das auch leisten können.

Abschleppen — Dazu braucht man einen eleganten Sportwagen, am besten ein Sportcabriolet. Der Abschlepper gleitet mit seinem Aufreißauto mehrmals langsam, den linken Arm auf der Tür, an einem Straßencafé oder einem Biergarten vorbei und nimmt Augenkontakt mit der abzuschleppenden Person auf. Spätestens nach dem dritten Passieren ist alles zum „Abschleppen" vorbereitet; auf einen Wink hin nimmt die Dame auf dem Beifahrersitz Platz und wird nunmehr abgeschleppt.

Abschnallen — Das Gegenteil von Anschnallen (siehe dort!).

Achsschenkelbolzen — Ausdruck aus der Fußballersprache: Heftiges Treten gegen die Schenkel und die Achse eines Mittelstürmers.

Airbag — Deutsch: Luftsack. Amerikanischer Windbeutel.

Akkumulator — Riesige Anhäufung von Kumulus-Wolken; deutet auf heftige Regengüsse hin (siehe auch „Aqua-Planing!).

Allrad-Antrieb — Antriebs-Prinzip, bei dem alle Räder einschließlich des Lenk- und des Reserverades angetrieben werden; verhilft Autos auf Berge, von denen sie dann nicht mehr herunterkommen, auf grüne Wiesen, wo der Fahrer von wütenden Bauern erschlagen

Anhalter

wird, und auf hohe Bürgersteigkanten, wo sie sich beim Herunterfahren den Auspuff zerdeppern. – Aber das Gefühl ist einfach traumhaft.

Anhalter	1. Kraftfahrzeug, das an Straßenecken und vor alleinstehenden männlichen Passanten automatisch anhält. Der erste bekannte Anhalter war ein Mercedes 190 SL und gehörte einer Frau Rosemarie aus Frankfurt. Nach ihrem – etwas plötzlichem – Ableben erwies sich das Fahrzeug als unverkäuflich, da die Anhalte-Automatik nicht ausgebaut werden konnte.
	2. Personen beiderlei Geschlechts, die entweder kein eigenes Fahrzeug besitzen oder es in der Garage schonen, um längere Strecken auf Kosten anderer zu reisen (siehe auch „Autofahrer-Falle"!).
Anschnallen	Das Gegenteil von Abschnallen (siehe dort!).
Aqua-Planing	Kostenlose Unterwäsche für Kraftfahrzeuge. Merken Sie sich: Je schneller Sie bei Nässe fahren, desto sicherer und gründlicher wird Ihr Wagen gereinigt!
Auspuff	In die Vororte verbannte öffentliche Freudenhäuser, die über reichlich Parkfläche verfügen. Sollten Sie einen solchen „Auspuff" suchen, folgen Sie ganz einfach den Anzeigetafeln „Park-and-Ride".
Autobahnraststätte	Auch ein Auto braucht Liebe, Zärtlichkeit und viel Zuwendung – vor allem aber immer wieder Ruhepausen. Gerade lange Autobahnfahrten bedeuten für die meisten heute existierenden Autos eine fast unzumutbare Materialbelastung, welche sie meist nicht aushalten und dann ganz plötzlich zusammenbrechen. Daher muß der kluge Autofahrer seinem geliebten Schnauferl immer wieder kurze Ruhepausen gönnen. Dazu gibt es die „Autobahnraststätten". Während sich draußen das Auto erholt, setzt sich der

Fahrer an die gemütliche Bar, trinkt ein paar Gläser Bier und ein paar Schnäpse. Um so sicherer kann er anschließend seine Fahrt fortsetzen.

Autofahrerfalle   Hübsches Mädchen, das allein am Straßenrand steht und zum Anhalten auffordert. Während der freundliche Autofahrer sein Fahrzeug anhält und der jungen Dame in den Beifahrersitz verhilft, tauchen aus dem Gebüsch dahinter drei enge Freunde der Anhalterin auf und machen es sich auf der Rückbank bequem. In fröhlicher Gemeinschaft wird die Fahrt zum Ziel der Anhalter dann fortgesetzt, während der Autofahrer verbittert schweigt. Nach Absetzen der Anhalter kauft er sich am besten als erstes ein paar neue Zigaretten; es könnte ja sein, daß auch unter den nächsten Anhaltern ein paar Raucher sind.

Autofahrergruß   Autofahrer gelten weltweit als besonders höfliche Menschen. Da eine verbale Verständigung zwischen Autofahrern sehr schwierig ist, entwickelten sich im Laufe der Zeit verschiedene Zeichen, mit welchen die Fahrer sich untereinander verständigen, ohne schreien zu müssen. Das bekannteste und am weitesten verbreitete dieser Zeichen ist der „Autofahrergruß". Dabei tippt sich der Autofahrer ein- oder mehrmals mit dem Zeigefinger gegen die Schläfe. Dieses Zeichen ist grundsätzlich dann zu geben, wenn man überholt wird. Da auch Nicht-Autofahrer neuerdings diesen Gruß imitieren, hat sich ein Ersatzzeichen eingebürgert, bei welchem der überholte Fahrer statt dessen mittels Daumen und Zeigefinger einen Ring bildet und damit dem Überholendem zuwinkt; dieses Zeichen bedeutet frei übertragen: „Das haben Sie einfach Spitze gemacht!".

Autofriedhof   Begräbnisstätte für das geliebte Blechspielzeug, um es nicht einfach pietätlos verrotten zu lassen, sondern – nach dem sonntäglichen Waschen des Nachfolgers – gemeinsam mit der andächtigen Familie einen Kranz oder wenigstens ein paar Blumen nieder-

Automobiltestbericht

legen zu können – an einem geweihten Platz, wo unser geliebtes „Moppele", „Schnauferle" oder „Sauser" seine letzte Ruhe fand. Kenner kaufen gleich mehrere Ruheplätze.

Autokäufer

Bisher grundsätzlich normaler Mensch, der plötzlich, nach Ausschalten des Verstandes, völlig triebhaft handelt und sich weder durch Ehefrauen noch durch Umwelt, Bankberater oder die Lohnbuchhaltung in irgendeiner Weise mehr beeinflussen läßt.

Automatik

Wissenschaftliche Lehre, beschäftigt sich mit den spezifischen Eigenarten der Flipper-, Zehnerl-, Schieß- und Zigarettenautomatik. Hat sich inzwischen auch der Lehre der Schaltautomatik beim Autofahren bemächtigt, dort aber nur bei Menschen durchgesetzt, die bereit sind, ihrer Bequemlichkeit ein paar Kilometer Spitze zu opfern.

Automobiltestbericht

Von den Automobilherstellern verfaßter und bereitgestellter Prospekt eines Neuwagens, der in Automobilzeitschriften abgedruckt wird. Zeichnet sich durch kritische Anmerkungen aus, welche jedoch wohl dosiert sind. In den Normalprospekten, welche dem interessierten Kunden überreicht werden, fehlen diese.

Autowerkstätte

Fachwerkstätte für kranke Autos; alle anfälligen Reparaturen werden durch Meister durchgeführt, was sich schon aus der Rechnung ergibt, wo nur Meisterstunden in Ansatz gebracht werden. Dies ist leicht erklärlich: Die Lehrlingsausbildung ist heute derart teuer geworden, daß eine Lehrlingsstunde viel zu kostspielig wäre, um sie dem Kunden in Rechnung zu stellen. Im übrigen erfolgt die Abrechnung längst nicht mehr in Stunden, sondern in Arbeitseinheiten, was auch immer das heißen mag. Im übrigen ist die Qualität unserer heutigen Autos so hoch, daß in absehbarer Zeit mit dem völligen Verschwinden der Autowerkstätten gerechnet werden muß.

B

Baum   Eigensinniges Gewächs, das genau dort dem Boden entspringt, wo man sich entschlossen hat, die Fahrbahn zu verlassen.

Beifahrer(in)   Neben dem Fahrer sitzendes Wesen, das immer alles besser weiß, aber in dem Moment, in dem es nach der einzuschlagenden Richtung gefragt wird, keine Ahnung hat.

Beule   Der Begriff ist den Bildenden Künsten, Abteilung Metallplastik, entlehnt; Ästheten unter den Autofahrern versuchen, mittels der Beulen die meist langweilige Serienform ihrer Autos individuell zu verändern. Merke: Je größer die Beule, desto größer der Künstler!

Blechschaden   Entsteht, wenn als Folge der Energievernichtung zwischen zwei PKW die schlanke Linie der Autos verändert wird. Versicherungstechnisch heißt der Blechschaden am eigenen Fahrzeug stets „Totalschaden", am gegnerischen Fahrzeug dagegen immer „Bagatellschaden".

Brummi   Graphisches Kunstwerk auf der Heckklappe eines Lastwagens; nur in stundenlangem Studium dieser Grafik wird es uns möglich, das schwere Dasein eines Lastwagenfahrers voll zu verstehen.

C

Cabriolet   Bläst einem ständig die Haare ins Gesicht, ist saukalt, zieht ständig, muß ewig auf und zu gemacht werden, im Winter tropft

Schnee und Regen auf Fahrer und Beifahrer, die Heizung ist absolut unbefriedigend und die Scheiben ständig eingefroren; aber aussehen tut man darin, das ist einfach einsame Spitze!!!

Chauffeur	1. Heizer für Kraftfahrzeuge.
	2. Stuntman für Leute, die selber zu feige sind, Auto zu fahren.

D

Defroster	Sinnvolles Zubehör. Der Defroster dient dazu, nach Ablauf einer gewissen Anwärmzeit bei laufendem Motor, das heißt also fahrendem Auto, die Windschutzscheibe zu enteisen. So kann man dann klar erkennen, wogegen man während der genannten Anwärmzeit geknallt ist.
Drehmoment	1. Irgendeine ganz komplizierte Sache aus dem Bereich der Wirksamkeit des Motors eines Kraftfahrzeuges, die der zuständige Sachbearbeiter auch nicht eindeutig erklären konnte.
	2. Der Augenblick, in welchem Glatteis einsetzt.
Drehzahlmesser	Geschwindigkeitsanzeiger für Sportwagen. Da für diese Wagen Geschwindigkeitsbegrenzungen nicht gelten, ist das ein ideales Gerät als Ersatz.
Drosselklappe	Waidmännischer Ausdruck für den Schnabel der gemeinen Hupfdohle.

E

Einparken	Heilige Handlung wie das „Einwecken" der Hausfrau, und mindestens ebenso kompliziert:

Fahrerflucht

Zum Einparken brauchen Sie: a) ein gutes Gehör
b) gummibelegte Stoßstangen
c) eine gesunde Halswirbelsäule, die auch heftigere Stöße aushält.
(Wußten Sie schon, daß die Einführung von Gummileisten an den Stoßstangen jahrelang von dem Verband der Autowerkstätten verhindert worden ist? Erst der Bundesverband kraftfahrender Ehefrauen e.V. hat sie schließlich durchsetzen können.)

Einspritzer	Schnell fahrender PKW, welcher bei Regen und tiefen Wasserpfützen im Vorbeifahren Fußgänger von Kopf bis Fuß mit Kot einspritzt.

Erste-Hilfe-Kasten

Kastenartiger Aufbau der Notarztwagen; enthält laut Vorschrift DIN 13164 mindestens:
1 Arzt
1 Notarzt
1 Assistenzarzt
1 Erst-Sanitäter
1 Zweit-Sanitäter (ersatzweise 1 Ersatzdienstleistenden)
1 Bettpfanne
1 Satz Schraubenzieher und -Schlüssel, um die medizinischen Bordgeräte in Gang setzen zu können
1 Blutkonserve der Blutgruppe des verunfallten PKW-Fahrers
(alle übrigen Ausrüstungsgegenstände richten sich nach der jeweiligen Facharztausbildung des diensthabenden Notarztes).

F

Fahrerflucht

Spontanreaktion eines sensiblen Autoneulings auf erheblichen Lärm: Er fängt an zu fluchen (Siehe auch unseren Leser-Service: „Schimpfwörterlexikon", am Ende dieses Buches!).

Fahrlehrer	Mobiler Masochist, der sich jedoch dafür, daß er freiwillig seine Nerven, seine Gesundheit und sein Auto aufs Spiel setzt, recht gut bezahlen läßt.
Felge	Dient beim Auto der Speicherung von Reifen: Ein blödes, rundes Ding aus Metall, an welchem man sich immer die Finger schmutzig macht, einklemmt oder – beim Kettenauflegen – abfriert. Ist mit Schrauben an der Achse festgemacht, die entweder nicht losgehen oder so durchgedreht (= dollgedreht) sind, daß sie das Rad nicht mehr richtig halten.
Formel	Von den Automobilklubs aufgestellte Richtlinien für das Verhalten im Schnellverkehr; gilt eigentlich nur für Rennfahrer (siehe dort!), gibt aber auch praktische Tips für den täglichen Verkehr: Formel 1: Du sollst Dich nie überholen lassen! Formel 2: Fußgänger sind eine niedrige Rasse. Formel 3: Der Schnellste ist der Größte. Formel V: Du hast Vorfahrt!!!
Frau am Steuer	Neben überhöhter Geschwindigkeit und Glatteis nach Ansicht der Männer eines der größten Verkehrsrisiken; obwohl alle einschlägigen Statistiken das Gegenteil beweisen, gelingt es nicht, diese Anschauung aus der Welt zu schaffen. Sobald ein männlicher Autofahrer vor sich ein Fahrzeug mit einem weiblichen Lenker erblickt, läuft in ihm ein Reflexgeschehen ab: Als erstes muß dieses Auto sofort, ohne jedes Zögern, Rücksicht auf Überholverbot und Gegenverkehr, Geschwindigkeitsbegrenzungen und Stärke des Motors überholt werden, koste es, was es wolle. Gelingt das nicht, so wird gehupt, dicht aufgefahren und mit dem Finger an die Stirn getippt, wobei gleichzeitig lauthals geflucht wird. Gelingt der meist halsbrecherische Überholvorgang aber, dann lehnt sich der Fahrer genüßlich zurück, zeigt ein zufrie-

Frau am Steuer

Führerschein

denes Lächeln und kontrolliert lediglich im Rückspiegel, ob sich die eben Überholte nicht am Ende noch traut, ihrerseits zum Überholen anzusetzen (was fast nie der Fall ist). Auf jeden Fall aber wird durch rasches Wechseln der Fahrspur jeder derartige Versuch bereits im Ansatz erstickt.

Fronttriebler	Geschlechtsreifer Sexualtäter.
Führerschein	Reifezeugnis für Autofahrer; muß angeblich mittels einer sehr schweren Prüfung erworben werden. Bei Betrachten des allgemeinen Fahrverhaltens kommt man jedoch immer öfter zu der Überzeugung, daß es durchaus möglich ist, den Führerschein in einer Lotterie zu erwerben oder im Versandhandel zu beziehen.
Fußgänger	Sozusagen das Freiwild des Autofahrers. Fußgänger behindern den fließenden Verkehr und erweisen sich bei direktem Kontakt mit dem Auto oft als erstaunlich stabil. Fußgänger sind lästig, zahlreich und rechthaberisch. Das Einsetzen von Vertilgungs-Sprays gegen Fußgänger bleibt leider immer noch der Polizei vorbehalten (Tränengas, Wasserwerfer). Fußgänger werden nach wie vor von gefühlsduseligen Behörden und Interessengruppen geschützt. Im Prinzip gehören Fußgänger in die Fußgängerzonen, dazu sind diese da. Leider fehlen in den öffentlichen Haushalten immer noch die Mittel, die Fußgängerreservate gründlich einzuzäunen, weshalb immer wieder Fußgänger aus ihnen entweichen. Zum Glück gibt es für Fußgänger – im Gegensatz zu den meisten anderen Wildarten – noch keine Schonzeit.
Fußgängerzone	Zooartiges Reservat in Großstädten, das den Fußgängern vorbehalten bleibt. Dient der Erhaltung der Art. Erfahrene Autofahrer lieben es, die Fußgänger an verkaufsoffenen Samstagen an ihren Tränken und Freßstellen zu beobachten.

G

Gasdruckstoßdämpfer	Sitzauflage für Autositze, welche besonders geeignet sind, Schall- und Geruchsbelästigungen aufzufangen und zu schlucken.
Gaspedal	Neben der Hupe das einzige Zubehör, was auf jeden Fall zur Grundausstattung eines Autos gehört. Verzichten Sie lieber beim Autokauf auf so sinnlose Spielereien wie Scheinwerfer und Bremsen als auf das Gaspedal. Nur und ausschließlich das Gaspedal hebt Sie von anderen Autofahrern ab.
Gebrauchtwagenhändler	(Siehe auch „Roßtäuscher"!) Haben eine biegsame Welle als Seele, ein einnehmendes Wesen und unerschöpfliche Vorräte an Autolack aller Farben. Wandeln in einem bisher unerforschten Prozeß jede alte „Nuckelpinne" über Nacht in einen „Nahezu-Neuwagen, – auf jeden Fall neuwertig" um. Und Nacht für Nacht stehen sie fleißig in ihren Kellern und unter ihren Händen summen die fleißigen kleinen Elektromotoren, welche die Kilometerzähler generalüberholen und auf den „neuesten Stand" bringen.
Geisterfahrer	Entweder 1. Alle Autofahrer, die einem Autofahrer auf der Autobahn entgegenkommen oder 2. Ein Autofahrer, der allen Autofahrern auf der Autobahn entgegenkommt. (Warum muß eigentlich die Mehrheit immer recht haben?)
Geländewagen	Die teuerste Art, unbequem Auto zu fahren und vom rechten Weg abzukommen.
Gerichtsstand	Ausstellungsstand der Bundesvereinigung Deutscher Verkehrsrichter e.V. auf Automobilausstellungen. Bei den meisten Automobilmessen können Sie sich dort einmal probeweise - und kostenlos - verurteilen lassen. Kommt es für Sie dann später tat-

sächlich einmal zu einem echten Gerichtsverfahren, so sind Sie bereits über den Ablauf eines solchen Verfahrens informiert; außerdem gelten Sie damit als vorbestraft, was Ihnen auf jeden Fall mehr einbringt.

Glatteis	Modeerscheinung in Autobahn-Bars; war es früher einmal modern, seine Drinks mit Polar-Eis oder Gletscher-Eis zu kühlen, greift der moderne Autofahrer von Welt heute zu Glatt-Eis.
Goggomobil	Von der Firma „Matchbox" entwickeltes und herausgebrachtes, einziges Spielzeugauto, das bisher auf deutschen Landstraßen zugelassen wurde. Konnte sich allerdings nicht recht durchsetzen, da die meisten Menschen zum Aussteigen einen Schweißbrenner benötigten.
Grundausstattung	Die Grundausstattung eines Autos besteht aus vier Rädern, einem Motor und einem Gaspedal. Die anderen vielen Dinge, die aus dem Autofahren dieses herrliche Freiheitsgefühl herauskitzeln, wie Lenkrad, Dach, Hupe und Heckscheibe erhalten Sie gegen geringen Aufpreis. Derartige Zusatzausrüstungen verlängern die Lieferfristen aber zum Teil ganz erheblich. Sie sollten dabei auch immer bedenken, was Sie wirklich brauchen und was lediglich eine Spielerei bedeutet oder zum Angeben bestimmt ist.
Gürtelreifen	Ausdruck für Fettringe, die sich bei wohlbeleibten Menschen oberhalb und unterhalb des Bauchnabels anlagern. Bestehen trotz Elastizität nicht aus Gummi sondern aus Fett. Die Anschaffungskosten liegen erheblich über denen für Gummigürtelreifen.
Gurtmuffel	Kreuzung aus Gürteltier und Mufflon; wurde von Grzimek erstmalig im Deutschen Fernsehen in Frankfurt vorgeführt; lebt in deutschen Städten, auf Landstraßen und Autobahnen und ist auch durch gesetzliche Maßnahmen nicht mehr an der weiteren Vermehrung zu hindern.

H

Haftpflichtversicherung	Nachdem immer häufiger Autofahrer zu Haftstrafen verurteilt werden, hat der Haftpflichtverband der Deutschen Industrie jetzt endlich eine Versicherungslücke geschlossen: Jeder Kraftfahrer kann sich jetzt gegen diese Haft versichern. Bei Eintreten des Versicherungsfalles, also wenn der Fahrer zu einer Haftstrafe verurteilt wird, stellt ihm die Versicherung einen Anwalt sowie einen jüngeren Arbeitslosen, der an seiner Stelle die Haftstrafe absitzt. Auch die Kosten für das Gefängnistagegeld und für die Resozialisierung, die ja in Deutschland so vollendet arbeitet, ist in der Versicherung enthalten.
Haftreifen	Alter abgefahrener Autoreifen, mit welchem die Insassen von Haftanstalten während der Hofstunde Reifenspiele abhalten.
Haftschalen	Klosettbrillen auf Autobahnraststätten-Toiletten.
Halteverbot	Aus der Bayerischen Straßen-Verkehrs-Ordnung (BaySVO): „Wer länger als dreißig Minuten im eingeschränkten Halteverbot parkt, muß mit einer gebührenpflichtigen Verwarnung rechnen. Im uneingeschränkten Halteverbot darf überhaupt nicht länger als zehn Minuten geparkt werden."
Hamburger	Stark nach Salz und Suppenwürfeln schmeckendes großes Kaugummi, welches in Autobahn-Raststätten und Schnellimbissen verkauft wird.
Hammel	Häufig gebrauchter Ausdruck aus der Autofahrersprache (siehe auch unseren Leserservice!).
Handbremse	Dient angeblich zur sicheren Abstellung des Autos, friert im Winter ständig fest, ist beim Tüff immer um mehrere Zähne zu locker,

Haftpflichtversicherung

nützt am Berg überhaupt nichts und ist beim Schmusen im Auto ständig im Weg, weil sie meist zwischen den Vordersitzen angebracht ist.

Hardtop	Englischer Ausdruck für „Holzkopf".
Hauptwachtmeister	Polizist mit „Köpfchen".
Hebebühne	Gewissermaßen der „gynäkologische Stuhl" der Autowerkstätten; erlaubt tiefe Einblicke ins Innere unseres Lieblings. Der kluge Autofahrer tut gut daran, sich schamvoll abzuwenden, wenn sein Auto auf die Hebebühne kommt; was einem da als erstes ins Auge fällt – und zwar im wörtlichen Sinne –, sind Unmengen von Rost, der nur stellenweise liebevoll von Schlamm und Öl verdeckt wird. Ist der Wagen jünger als sechs Monate, so fällt beim Waschen mit dem Wasserstrahl ein Teil des Rostes ab, ist das Fahrzeug älter als sechs Monate, so fallen Teile des Fahrzeuges herab.
Heckverkleidung	Aus der Damenoberbekleidungsindustrie entlehnter Ausdruck, der auch in der Automobilindustrie den – meist vergeblichen – Versuch bezeichnet, mißlungene Heckformen für das Auge zu verschönern.
Hohlraumversiegelung	Sonderausstattungs-Set für Cabrioletfahrer, bestehend aus: Mundtuch, Nasenklemme und Ohrenstöpseln.
Horrorfilm	Bericht der Tagesschau über die Verkehrssituation, besonders zu empfehlen an Wochenenden, zu Weihnachten, zu Ostern, zu Pfingsten und bei Beginn der Ferien. Vor allem die an Grenzübergängen und Autobahnbaustellen gedrehten Szenen wirken wie aus dem Leben gegriffen. Die Darsteller sind fast immer Laienschauspieler, die sich erstaunlich gut in ihren Rollen zurechtfinden. Regie führt die in solchen Filmen sehr erfahrene Verkehrs-

Hupe

polizei, denen pflichteifrige Zollbeamte eifrig unter die Arme greifen. Wußten Sie schon, daß seit Einführen der verschärften Grenzkontrollen an deutschen Grenzen noch nie ein Terrorist entdeckt worden ist?

Hubraum	Raum, wo gehupt werden darf; in Automobilfabriken auch der Raum, wo bei Neuwagen die Hupe ausprobiert wird. Daneben gibt es noch den Motorraum zum Erproben des Motors und den Fahrgastraum, wo die jeweils zum Autotyp passenden Fahrgäste erprobt werden.
hudeln	Anderer Ausdruck für das Durchführen einer Inspektion am Auto.
Huhn	Verbreitetes Hindernis auf Dorfstraßen; kommt in zwei Formen vor: 1. rund und umherlaufend = vor Berührungskontakt mit einem Kraftfahrzeug 2. flach und nicht umherlaufend = nach Berührungskontakt mit einem Kraftfahrzeug.
Hupe	Teil der Grundausstattung eines Autos; das Gesetz schreibt vor, daß jedes Auto mit einer Hupe ausgerüstet sein muß, wobei aber das Hupen grundsätzlich verboten ist. Dient zur Beseitigung von Verkehrshindernissen und bei Nacht zur Verständigung der Autofahrer untereinander, wenn die Zeichensprache nicht mehr möglich ist.

I

Iacocca	Sprich: Eiakotscha. Amerikanischer Eierkocher. Wird auch als Spitzname für Manager verwendet, die lange vor sich hinbrüten, um dann eines Tages doch noch goldene Eier zu legen.

Inspektion	Vorbeugeuntersuchung eines Autos auf Mängel, die bei der letzten Inspektion a) übersehen worden sind. b) verursacht worden sind.

Isetta	Kleines motorisiertes Schlaglochsuchgerät, in den fünfziger Jahren vom Bundesverkehrsministerium bei der Straßenerneuerungsplanung eingesetzt. An seine Stelle trat in den sechziger Jahren der „Morgan plus acht" aus England. Heute werden – im Sinne des Kostendämpfungsgesetzes – die entsprechenden Kontrollen durch den jeweiligen Bundespräsidenten persönlich zu Fuß durchgeführt.

Isolux-Diagramm	„Das Isolux-Diagramm ist gewissermaßen die Wetterkarte des Lichtes. Es zeichnet Linien gleicher Beleuchtungsstärke auf, nach denen die ECE-Werte, die Homogenität des Lichtes und Ungleichförmigkeiten in der Lichtverteilung kontrolliert werden können." (Wörtlich zitiert aus „Auto & Motor & Sport") Bitte besprechen Sie das genau mit Ihrem Autohändler, bevor Sie einen Kaufvertrag unterzeichnen, sonst müssen Sie damit rechnen, daß Ihre Scheinwerfer wegen zuviel Homogenität an AIDS erkranken!

Jeanskäfer	1. Aufreizender Teenager in hautengen Jeans. 2. Kleines Insekt, welches in Jeans lebt und an empfindlichen Stellen heftigen Juckreiz auslöst. 3. Sondermodell einer deutschen Automobilfabrik, wurde entwickelt, um einer ganz neuen Käuferschicht ein ganz altes Modell noch einmal schmackhaft zu machen.

K

Kabinenroller

Von der Flugzeugfabrik Messerschmidt entwickelter Bausatz für den Selbstbau von Flugzeugen; da die Entwicklung noch nicht technisch voll durchdacht war, gelang es den meisten Käufern lediglich, aus den Bauteilen ein dem Auto nachempfundenes Fahrgerät herzustellen, das in den sechziger Jahren viel auf deutschen Straßen zu sehen war. Der Volksmund nannte diese Apparate damals sehr treffend „Mensch in Aspik". Fuhr wie ein Flugzeug auf drei Rädern, da das vierte Rad als Reserverad verwendet werden mußte.

Kabriolett

Sportlicher Automobiltyp, dessen Verdeck aus Stoff oder Kunststoff besteht und durch einen speziellen Mechanismus zurückgeklappt werden kann. Durch intensive Forschung ist es gelungen, die Probleme des Kabrioletts wie Zug, Wasserdurchlässigkeit und Kälte weitgehend zu lösen (siehe auch „Cabriolet"!).

Karosserie

Sammelplatz für Autos, die mit einem Motorschaden liegengeblieben sind und von Pferden abgeschleppt wurden.

Kaskoschaden

Runderneuerung und Generalüberholung eines Autos auf Kosten Dritter.

Katalysator

Hat trotz der Namensverwandtschaft nichts mit den Münchner Starkbieren Salvator und Triumphator zu tun, sondern dient der Beruhigung von Autofahrern, die 200 km/h fahren und sich trotzdem als Naturfreund fühlen wollen. Und wenn sie dabei verunglücken, dann wenigstens mit gutem Gewissen.

Katzenkopfpflaster

Von der öffentlichen Hand unterhaltene Teststrecken für Neuwagen; mit dem Katzenkopfpflaster wird die Stabilität der Fahrzeuge getestet. So muß ein Wagen mindestens einhundert Meter

auf einer solchen Strecke zurückgelegt haben, bevor sich ein oder mehrere Räder lösen, die Fensterscheiben herabfallen, die Türen sich automatisch öffnen oder das Lenkrad sich aus der Halterung löst. Erfüllt ein Fahrzeug diese Normen nicht, so darf es ausschließlich auf Autobahnen und Schnellstraßen eingesetzt werden (Achtung: Für Autoteile, die auf der Teststrecke liegengeblieben sind, haftet der Autofahrer!).

Kaufpreis	Die Kaufpreise für Autos sind Richtpreise, welche von den Automobilfabriken in gegenseitiger Absprache festgelegt werden und nach denen sich die Autohändler zu richten haben. Richtet sich ein Autoverkäufer nicht nach den Richtpreisen, kann er vor dem Richter landen. Dies geschieht aber sehr selten, da nur mittels der Richtpreise richtig verdient werden kann.
Kavalier „der Landstraße"	Sehr selten vorkommende Mutation der Gattung „Autofahrer"; zeichnet sich durch zum Teil eigenartige, zum Teil unverständliche Handlungsweisen aus. Den typischen Kavalier am Steuer erkennt man zum Beispiel daran, daß er sich ohne jede Gegenwehr überholen läßt und dabei dem Überholer auch noch Platz macht und seine Fahrt verringert, um die Überholzeit abzukürzen, oder daß er einem anderen Fahrzeug die Vorfahrt läßt, obwohl er selber Vorfahrt hat oder daß er sogar ältere Frauen auf Zebrastreifen über die Straße gehen läßt, ohne zu hupen oder aus dem Fenster zu schimpfen. Der letzte Kavalier am Steuer, der in freier Wildbahn herumfuhr, wurde 1957 in Stadtoldendorf gesehen. Über sein weiteres Verbleiben ist nichts näheres bekannt geworden.
Kavaliersstart	Nächtliches Warmlaufenlassen des Autos nach Besuch der Freundin. Geschieht meist recht eilig, weil dem Kavalier entweder kalt ist oder er kalte Füße bekommen hat.
Kerzenhalter	Lehrjunge in Autowerkstätten und Tankstellen, welcher dem Meister beim Kerzenwechsel die Kerzen anreicht.

Kick-down	Aus dem Amerikanischen: Niederstoßen eines lästigen Fußgängers; durch einen kleinen Rechtsschlenker wird der Fußgänger mittels des rechten vorderen Kotflügels in den Straßengraben befördert.
Kilowatt	Von der deutschen Bundesregierung verfügte, völlig sinnlose Umbenennung der liebgewordenen und vertrauten Pferdestärken. Dient angeblich der Internationalisierung und der Einführung des Elektromotors. Da die deutschen Regierungen dazu neigen, Neuerungen immer vor allen anderen Nationen der Welt einzuführen, steht Deutschland mal wieder isoliert da und hinter der Kilowattzahl in Klammern die PS-Zahl.
Kindersicherung	Modernes Verhütungsmittel; soll verhindern, daß sich Autofahrer noch mehr vermehren und noch mehr Straßen verstopfen, so daß noch mehr Straßen gebaut werden müssen und Deutschland noch mehr zubetoniert wird.
Kiste, müde	Auto, das hinter einem herfährt und dessen Fahrer wegen Gegenverkehr, unübersichtlichen Kurven oder Glatteis darauf verzichtet, uns zu überholen.
Klappverdeck	Dient dem Schutz von Kopf und Oberkörper des Cabrioletfahrers, wurde aus dem Klappzylinder entwickelt und erhielt seinen Namen, weil es spätestens nach Verlassen der Automobilfabrik anfängt zu klappern, wenn das unter ihm montierte Automobil sich mit mehr als zehn Kilometern pro Stunde vorwärts bewegt. Will man diesen lästigen Lärm vermeiden, so empfiehlt es sich, das Klappverdeck an der Garagenwand aufzuhängen und ein Hardtop zu kaufen. Man erhält dann ein Auto, das fast so stabil ist wie eine Limousine.

Kleeblatt

„ICH HABE VOLLSTES VERSTÄNDNIS, ABER DIE NEUE ENTLASTUNGSSTRASSE GEHT HIER DURCH"!

Kleeblatt	Großartige kurvenreiche Verzierung von Autobahnen, wird aus Beton erstellt und unterbricht die eintönige Geradeausfahrt; bringt dem Autofahrer Glück, da es stets vierblättrig angelegt wird.
Kofferraum	Bezeichnung für den nicht nutzbaren Hohlraum im Heck eines Kraftfahrzeuges, der sich wie ein Koffer mittels Deckel schließen läßt. Achtung, begehen Sie nicht den Fehler zu glauben, hier könnten Koffer verstaut werden; dazu ist er zu klein und auch nicht vorgesehen. Die Automobilindustrie steht zu Recht auf dem Standpunkt, wer auf Reisen mehr als eine Zahnbürste benötigt, solle mit der Bahn reisen (siehe auch „Gepäckwagen"!).
Kolbenfresser	Lästiges Überhitzen des Motors; tritt häufig vor allem nachts auf, wenn der Autofahrer gerade seine Freundin nach Hause fährt. Das einzig wirksame Mittel dagegen besteht darin, das Fahrzeug auf der Fahrt mehrmals für eine Stunde an einem stillen dunklen Fleck anzuhalten und geduldig zu warten, bis der Motor sich wieder abgekühlt hat. Bitte erklären Sie diesen technischen Vorgang ganz genau Ihrer Freundin, sonst kann solches Anhalten leicht zu Mißverständnissen führen.
Kolonnenverkehr	Allsamstäglicher Hochbetrieb in Freudenhäusern.
Kontakt-Spray	Beseitigt schon nach ein- bis zweimaligem Einsprühen jede Kontaktarmut; ist wesentlich preiswerter als Psychotherapie.
Kotflügel	Anbau an landwirtschaftlichen Gebäuden, in welchem sich der Misthaufen, die Jauchegrube und der Odelwagen befindet.
Kraftfahrzeugzulassungs- stelle	Kommunale Behörde; arbeitet nach der für alle Behörden üblichen Arbeitsmethode und mit der diesen Stellen eigentümlichen Geschwindigkeit (Eine Kraftfahrzeug-Zulassungsstelle ist jeden-

falls noch niemals im Gegensatz zu einem Kraftfahrzeug bei einer Geschwindigkeitsüberschreitung erwischt worden). Wenn Sie ein Auto zulassen wollen, brauchen Sie die folgenden Ausrüstungsgegenstände: Auto, Ausweis, Kaufvertrag, Kraftfahrzeugbrief, grüne Versicherungskarte, reichlich Bargeld in mehreren Währungen und kleinen Scheinen und Münzen, festes Schuhwerk, Faltbett, Klappstuhl, Stehleiter, Schlafsack, Wecker, Taschenrechner, Gaskocher, ausreichend Nahrungsmittel für zwei bis drei Wochen, 20 Liter Trinkwasser, Trockenklo und eine große Portion Mitgefühl für die zahlreichen hart arbeitenden Mitarbeiter hinter den meist gnädig verschleierten Schaltern. Neuwagen werden meist durch die Autohändler zugelassen, welche dort eigene Büros und Wohnungen für ihren „Zulasser" unterhalten.

Kreuzung

Das Zusammentreffen zweier Verkehrswege; für erfahrene Autofahrer ein Leckerbissen, für den Anfänger ein Ort des Grauens (siehe auch „Vorfahrt").
Wichtige Hinweise für das Befahren einer Kreuzung:
1. Rechts ist frei, links zahlt die Versicherung.
2. Nur ein Feigling hält bei „Rot".
3. Je schneller ein Fahrer die Kreuzung hinter sich bringt, desto kürzer ist der Gefahrenmoment. Also „Gas geben, schon vor der Kreuzung!", das trägt wesentlich zur Verkehrssicherheit bei.
4. Auch Polizisten sind Fußgänger und damit schwächer als Autos.

Kriechspur

Schleimspur, von einer Schnecke auf der Windschutzscheibe hinterlassen.

Kühler

Rechteckiger schwarzer Kasten, der vor dem Motor eines Autos angebracht ist und an dem man sich die Finger verbrennt, wenn man ihn anfaßt.

Kriechspur

Laster

Kühlwasser	Kochendes Wasser, das der Autofahrer im Kühler mit sich führt; gut geeignet zum Kaffee- oder Teekochen, wenn man auf dem Weg in den Skiurlaub frierend in einer Verkehrsstauung steht.
Kunstfaser	Material, aus welchem Autositze angefertigt werden; bewirkt, daß man sich im Winter empfindliche Teile abfriert und im Sommer das Gefühl hat, man habe in die Hose gemacht.
Kuppelei	Fabrik für Anhängerkupplungen.
Kurbelwelle	Neben der Riesenwelle Pflichtübung für Reckturner bei internationalen Turnwettkämpfen.
Kurventechnik	Die Fähigkeit eines Autofahrers, auch bei Geradeausfahrt mit der Beifahrerin richtig umgehen zu können.

L

Lackieren	Fachausdruck aus dem Gebrauchtwagenhandel: Erst wird der Rost überlackiert und dann wird der Kunde mit dem Gebrauchtwagen „lackiert". Er ist dann der „Lackierte" (siehe dort!).
Lackierter	Käufer eines Gebrauchtwagens, gelegentlich auch Käufer eines Neuwagens.
Lager	„Ein Loch, in dem sich eine Welle dreht." (Wörtlich zitiert aus A. Spoerl „Das große Autofahrer-ABC"; Piper). Wenn sich die Welle nicht dreht, ruht sie, daher der Ausdruck „Lager".
Laster	1. Moralbegriff: Die Freuden des Lebens. 2. Verkehrsbegriff: Die Leiden des Autofahrers.

Leihwagen	Damit kann sich der Autofahrer mal so richtig austoben. Ohne Rücksicht auf Drehzahl, Öldruck, Benzinqualität und Schlaglöcher fährt er durch die Gegend, denn auf alle die Dinge, die er seinem eigenen geliebten Auto niemals antun würde, braucht er beim Leihwagen keine Rücksicht zu nehmen. Der Leihwagen ist der Traum jedes Autofahrers, denn für dieses Fahrzeug gelten alle die einschränkenden Vorschriften aus der Gebrauchsanweisung nicht.
Lichttest	Scheinwerfertest. Man braucht dazu eine unbeleuchtete Straße und mehrere Fußgänger. Sieht man nach einigen Versuchen den bei 60 km/h in 10 m Entfernung die Straße querenden Fußgänger so rechtzeitig, daß man noch bremsen kann, ist der Test bestanden.
Lieferfrist	Der Zeitraum vom Abschluß eines Kaufvertrages über einen Neuwagen beim Händler bis zu dem Moment, da der Wagen geliefert ist. Kann je nach Hersteller einen Tag oder bis zu 36 Monate dauern. Ein Wagen kann als endgültig geliefert angesehen werden, wenn entweder der Motor herausfällt, das Lenkrad abgerostet oder der Aschenbecher überfüllt ist. So ist zum Beispiel eine kurze Lieferfrist gegeben, wenn der Wagen bei der ersten Ausfahrt einen Totalschaden erleidet, und eine lange, wenn der Wagen nach 36 Monaten noch freiwillig anspringt.
Liegesitze	Folterinstrumente; wurden von der Automobilindustrie in Zusammenarbeit mit den um ihre Existenz kämpfenden Orthopäden erfunden. Versuchen Sie nur mal, eine Nacht auf einem Liegesitz zu verbringen; Sie bedürfen anschließend einer vierwöchigen Spezialbehandlung durch die Orthopäden, wegen Bandscheibenvorfall, Ischiasreizung, Schiefhals und beidseitigem Tennisellbogen. Auch für Petting wenig geeignet. Lassen Sie es! Gehen Sie lieber ins Hotel! ..... (Sehen Sie, Sie wollten ja nicht hören! Jetzt ist der Bandscheibenschaden da und die Freundin weg!).

Limousine	Kernlose Neuzüchtung einer Südfrucht, wurde erstmals in Israel angebaut.
Listenpreis	Listig zusammengestellte Reparaturrechnung einer Autowerkstätte.
Lotus	Berauschendes Genußmittel.
Luftpumpe	Gut wirksames Heilmittel gegen Plattfüße.
Lustpartie	Moralisch nicht ganz einwandfreier Omnibusausflug.

M

Maserati	Ansteckende Hautkrankheit südländischer Ratten.
Massenkarambolage	Jährliches Pfingsttreffen der deutschen Autofahrer; findet auf der Autobahn zwischen Flensburg und Salzburg statt. Schirmherr der Veranstaltung ist der Bundesverband Deutscher Autospengler (Der Veranstalter lehnt jede Haftung für Unfälle ab!).
Mattscheibe	1. Zustand eines Fernsehzuschauers zum Programmschluß. 2. Zustand eines Autofahrers am Ende einer langen Autobahnfahrt. 3. Zustand einer Windschutzscheibe am Ende einer langen Autobahnfahrt.
Mercedes	Vor allem im Ruhrgebiet und in Kalifornien sehr verbreitetes Status- und Mannbarkeitssymbol. Wird mit ausgefallenem Sonderzubehör geliefert, so zum Beispiel für Metzger mit Anhängerhaken, für Manager ohne Anhängerhaken und für Politiker mit eingebauter Vorfahrt. Wird in Bayern unter dem Namen BMW, in Detroit unter dem Namen Cadillac und in England unter dem Namen Rolls-Royce vertrieben.

Limousine

...GROSSER WAGEN, GROSSER WAGEN, NEIN „LIMOUSINE" HEISST DAS!

Motor

Mittelklassewagen	Von der Automobilindustrie für Ende der neunziger Jahre als technisches Ziel angestrebt; soll endlich die bisher angebotenen drittklassigen Wagen ersetzen; die Mitteilung, im nächsten Jahrhundert gäbe es dann erstklassige Fahrzeuge, wird von den Automobilkritikern für eine Ente gehalten.
Moto-Cross	Kleines glücksbringendes Kreuz, hängt bei vielen Fahrzeugen am Innenspiegel und schlägt bei Rechtskurven dem Fahrer, bei Linkskurven dem Beifahrer ins Gesicht. An Stelle des Kreuzes werden auch Teddybären, Puppen und Plastiktiere verwendet.
Motor	1. Hochentwickeltes technisches Gerät, welches aus Benzin, Öl und Wasser Intelligenz, Schönheit und Männlichkeit herstellt. 2. Perpetuum non mobile. 3. Zeigt bei manchen Autos an, wo hinten ist, bei anderen, wo vorne ist.
Motorama	Neben Motorsanella die bekannteste Mehrbereichsmargarine; wurde von Unilever streng nach dem Grundsatz entwickelt: „Was für den Fahrer gut ist, ist auch für sein Auto gut genug!"
Motorradfahrer	Natürlicher Feind des Autofahrers; zum Glück sehr unstabil und daher oft auch ohne direkte Berührung leicht in den Straßengraben zu befördern. Motorradfahrer frieren ständig, haben Fliegen zwischen den Zähnen und verbringen die meiste Zeit ihres Lebens im Krankenhaus.
Mouton, Michèle	Französische Rallyefahrerin, deutsche Bezeichnung: Michael Schaf.
Müde	Lästiges Leiden nächtlicher Autobahnfahrten; die Steigerung lautet: saumüde, todmüde, Fernfahrer.
Mühle, alte	Siehe „Kiste, müde".

N

Nebel

Es gibt im wesentlichen drei Arten von Sichtbehinderungen für den Autofahrer:
1. Nebel im Kopf: Alkohol etc.
2. Nebel zwischen Kopf und Windschutzscheibe: Zigarettenrauch?
3. Nebel ums Auto herum: Echter Nebel
   Bei 1.: Kräftig den Kopf schütteln, Pfefferminz lutschen, sämtliche Fenster öffnen.
   Bei 2.: Sämtliche Fenster öffnen.
   Bei 3.: Lassen Sie doch auch mal Ihre Frau ans Steuer!

Nebelschlußleuchte

Gelbe Blinkleuchte an Autobahnauffahrten; bedeutet, daß mit vorhandenem Nebel bald Schluß sein wird, etwa so zuverlässig wie Wettervorhersagen im allgemeinen zu sein pflegen.

Neuwertig

Verbreiteter Begriff für ein Auto, welches so eben gerade noch einmal den TÜV passiert hat, dessen Roststellen gründlich überlackiert wurden und dessen Räder nicht sofort abfallen, wenn es auf eine Hebebühne gehoben wird. Im Prinzip kann man jeden Gebrauchtwagen guten Gewissens als neuwertig bezeichnen, wenn es ohne Anschleppen gelingt, ihn in Gang zu bekommen. Kann ein Fahrzeug beim besten Willen nicht mehr als neuwertig bezeichnet werden, so handelt es sich um einen sogenannten „Oldtimer", dessen Liebhaberwert oft weit über dem Neuwert liegen kann. Die Anschaffung eines „neuwertigen" Fahrzeuges ist in jedem Fall eine gute Kapitalanlage, da man ja nie ganz sicher weiß, wann es zum begehrten Oldtimer wird.

Niederdruckreifen

Autoreifen kurz vor dem Übergang zum Plattfuß.

Nockenwelle

Aus dem Englischen, von „to knock" = klopfen. Die Nockenwelle erzeugt das charakteristische Klopfen des Motors, welches

Nebel

entsteht, wenn man ein Fahrzeug mit stärkerer Maschine über-holen will. Je stärker das Klopfen, um so näher ist man seinem Ziel (siehe auch „Kolbenfresser"!).

Normalbenzin Durchschnittliches Benzin ohne Besonderheiten, gedacht für durchschnittliche Autofahrer ohne Besonderheiten, die in eben-solchen Autos sitzen. Aber wer will heute noch durchschnittlich sein! Man fühlt sich super und muß das unter Beweis stellen. Am besten durch den Kauf von Superbenzin – und wenn das nicht zum Auto paßt, muß man sich eben ein entsprechend hoch-verdichtendes Vehikel anschaffen.

Notrufsäule 1. Sinnreiche Einrichtung an deutschen Autobahnen und Bun-desstraßen. Von ihrem oberen Ende aus kann man sich in Not-fällen viel besser bemerkbar machen. Vorsicht aber beim Rauf- und Runterklettern!
2. Spitzname für hochaufgeschossene Notärzte.

Nürburgring Von der Stadt Nürnberg gestiftete Auszeichnung für Autorenn-fahrer, geht beim Tode des Trägers auf den nächsten über (siehe auch „Iffland-Ring" für Schauspieler!).

O

Obenöl Haaröl oder Brillantine für Cabriolet- und Motorradfahrer.

Ölwechsel Dient angeblich dem Schutz des Motors. Fachleute bezweifeln – allerdings nur sehr geheim – die Notwendigkeit. Ein Schweizer Autofahrer wurde erwischt, weil er über fünf Jahre lang keinen Ölwechsel gemacht hatte. Auf Antrag der OPEC wurde ihm für dreizehn Monate der Führerschein entzogen. Sein Auto hat das Vergehen schadlos überstanden.

OPEC

Arabischer Geheimbund; nimmt nur Millionäre auf. Die Meldung einer linksgerichteten Zeitung, die OPEC sei von den Erdölmultis erfunden worden, um ohne Probleme die Benzinpreise erhöhen zu können, ist wieder mal eine dieser bösartigen Unterstellungen, wie sie immer wieder im Zusammenhang mit unseren schwer arbeitenden Managern auftauchen.

Ottomotor

(siehe auch „Motor"!) Gerade am Blödelbarden „Otto" kann man sehr schön sehen, was der Motor aus einem normalen Menschen machen kann, wenn er richtig eingesetzt wird.

P

Pannendreieck

Das „Bermuda-Dreieck" der Autofahrer; Gebiete, in welchen besonders häufig Pannen auftreten. Berühmte Pannendreiecke sind das Inntal-Dreieck (wegen des dort besonders häufig auftretenden Nebeleinbruchs) und das Autobahndreieck Köln-Ost (wegen der zahlreichen Radarfallen).

Pannenhilfe

Von den Automobilclubs entwickelte Methode, über Außendienstmitarbeiter neue Mitglieder zu werben. Das funktioniert so: Ihr Auto bleibt plötzlich auf der Autobahn stehen, ohne daß Sie gebremst haben, von der Polizei angehalten oder von einer hübschen jungen Anhalterin zum Abbremsen gezwungen wurden oder daß der Tank leer ist. Jetzt winken Sie erst einmal allen vorbeifahrenden Autos eine lange Zeit fröhlich zu. Innerhalb von ein bis vier Stunden hält hinter Ihrem Fahrzeug ein Auto, das durch seine leuchtende gelbe Farbe auffällt. Dessen Fahrer steigt aus, geht auf Sie zu und murmelt aus dem Mundwinkel heraus: „Mitglied?" Erwidern Sie (immer höflich und freundlich bittend, dazu aber auch laut und deutlich und klar verständlich): „Ich wollte ja immer schon!" Dieses magische Wort genügt. Der Mann holt einen Block aus seinem Wagen, fragt Sie nach Ihrem Namen,

Ihrem Geburtsdatum und Ihrer Anschrift und anschließend unterschreiben Sie auf der punktierten Linie (Hüten Sie sich ja davor, durchzulesen, was Sie da gerade unterschrieben haben; der Mann bringt es glatt fertig, in sein Auto einzusteigen und wortlos weiterzufahren!).

Jetzt – vorausgesetzt, Sie haben alles richtig gemacht – kommt der große Moment. Der Mann öffnet Ihre Motorhaube, wirft einen Blick hinein, murmelt wieder mal etwas Unverständliches, greift spielerisch in die geheimnisvollen Eingeweide unter dem Blechdeckel, richtet sich auf und – ruft Ihnen einen Abschleppwagen. Auf den warten Sie dann meist nicht länger als zwei bis drei Stunden (Den Mitgliedsbeitrag in einem Automobilclub zahlen Sie dann in den nächsten fünf Jahren in bequemen kleinen Jahresraten).

Parkhaus

Mehrstöckiges Haus mit großen Geschoßflächen, welche parkartig angelegt sind. Dort befinden sich Rasenflächen, kleine Teiche mit Enten und allerlei anderem Wassergetier, Ruhebänke und Biergärten. Die Parkhäuser wurden eingeführt, damit die Großstädter auch während längerer Regenperioden die Möglichkeit haben, zu joggen, spazieren zu gehen oder ihren Hund auszuführen und ihre Freizeit im Grünen zu verbringen, ohne dabei von Kopf bis Fuß durchnäßt zu werden. In sehr großzügig angelegten Parkhäusern findet man sogar Kinderspielplätze, Würstchenbuden und einen Ponyreitplatz. Um die Teiche sind Liegewiesen angelegt, wo man sogar „oben ohne" herumliegen darf und im vierten Stockwerk ist großer Hundetreff (Jeden Mittag um 12.30 Uhr, eine Spende der Firma PAL). Neuerdings gibt es sogar Geschosse, welche für Kinder und Hunde gesperrt sind, da diese beiden Rassen dazu neigen, an den Bäumen der Parkhäuser ihr kleines oder großes Geschäft zu verrichten. Das oberste Stockwerk ist meistens ein Freigeschoß, damit man jederzeit leicht überprüfen kann, ob der Dauerregen nicht doch schon aufgehört hat.

Parkplatz	Parkplätze sind durch ein großes blaues „P" gekennzeichnet, damit es Ihnen nicht so geht wie jenem Autofahrer, der am Stadtrand einen herrlichen großen Platz fand, auf dem viele Autos standen und wo niemand Parkgebühren kassierte. Er parkte seinen Wagen in eine der Reihen und stieg glücklich in die Tram- oder U-Bahn um – „Park-and-Ride" nennt man so etwas jetzt. Abends zurückgekehrt fand er sein Auto allerdings nicht mehr wieder vor; es war zusammen mit all den anderen Autos eingestampft worden. Er hatte vergessen, auf das große blaue „P" zu achten (Sein Prozeß läuft jetzt bereits beim BGH).
Parkscheibe	Runde Grasfläche in der Mitte eines Kreisverkehrs, vorzüglich zum Parken geeignet und meist frei.
Parkuhr	Arbeitet nach dem Prinzip der Eieruhr, kostet aber Geld, wenn man sie aufziehen will, und, da sie nach Ablaufen nicht klingelt, lohnt es kaum, sie abzumontieren und zum Einkaufen mitzunehmen.
Parkwächter	Graukittel, welcher auf öffentlichen und privaten Parkplätzen herumläuft und meistens recht brummig ist. Seine Aufgabe besteht auf keinen Fall darin, die parkenden Autos zu bewachen, vielmehr wacht er streng darüber, daß die Parkgebühren bezahlt werden (meist teurer als eine gebührenpflichtige Verwarnung, da man erfahrungsgemäß sowieso nur jedes zehnte Mal erwischt wird). Für Diebstahl aus dem Auto oder des Autos haftet der Parkierende!
Partnerprobleme	1. Zwischenmenschliche Probleme, welche meist nicht ausgetobt werden können und daher zu langdauernden Streitigkeiten, Ablehnungen und sogar zu ewiger Feindschaft führen können (siehe auch „Ehe"!). 2. Probleme zwischen den Fahrern verschiedener Fahrzeuge,

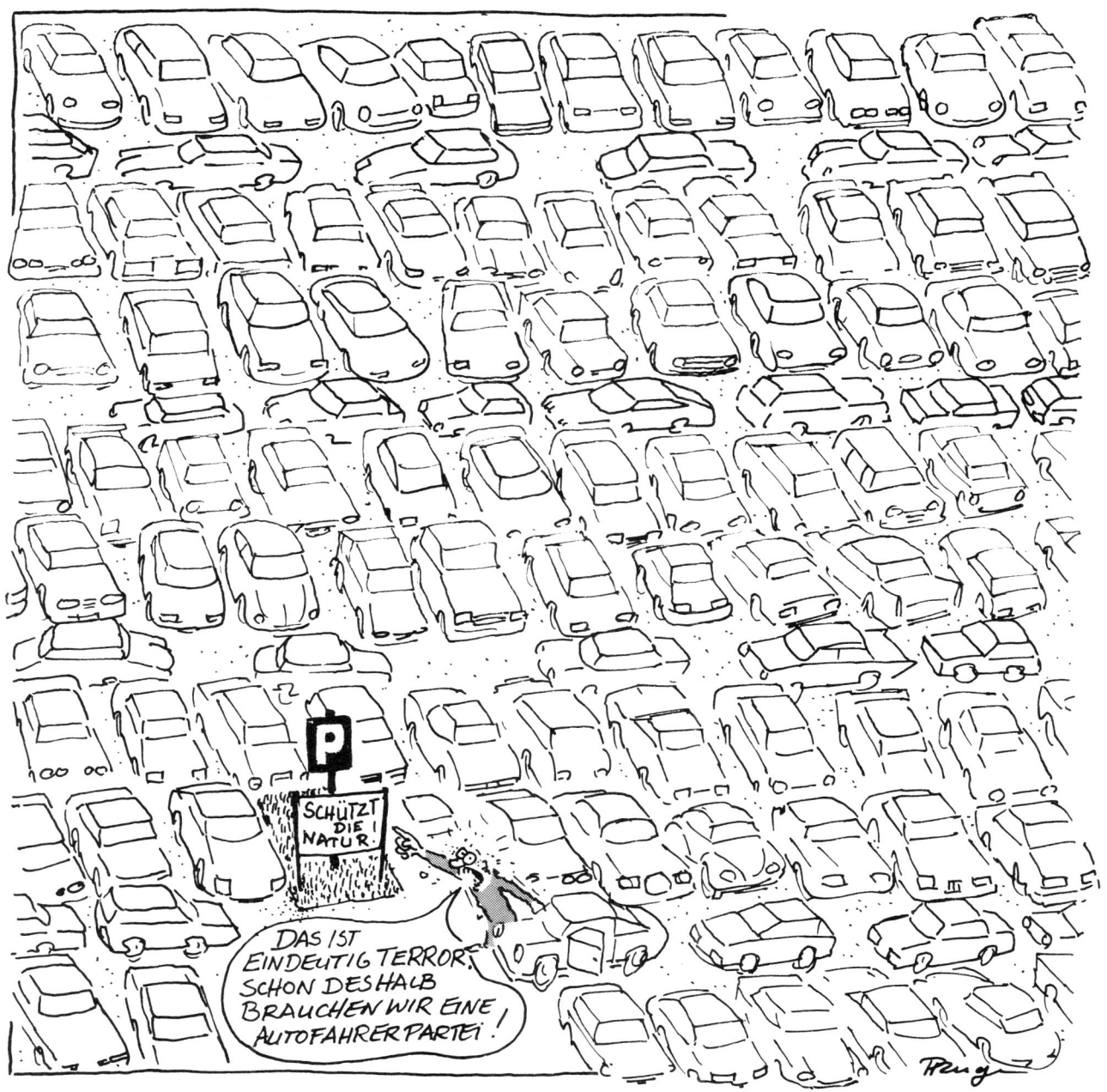

welche durch Schneiden, Überholen, Abdrängen von der Fahrbahn in den Straßengraben oder notfalls Rammen leicht ausgetobt werden können und so nicht aufgestaut werden.

3. Probleme eines Firmeninhabers, dessen Partner mit der Hauptkasse durchgegangen ist.

Passant Lästiger Fußgänger, der gerade vorbeikommt und alle möglichen Dinge sieht, von denen er später vor Gericht berichten kann. Obwohl selber nicht Autofahrer und daher auf keinen Fall in der Lage, die Sachzusammenhänge zu erkennen, wird der Passant leider von den Gerichten immer noch als vollwertiger Zeuge anerkannt. Passanten gehören in die Fußgängerzonen, nicht auf die Straßen.

Peep-Show In ihr wird etwas zur Schau gestellt, das man gerne hätte, sich aber nicht leisten kann. Mit anderen Worten: Das Schaufenster eines Ladens für Luxusautos.

Pfadfinder Von Jugendgruppen während der Ferienzeiten an den Straßenrändern aufgestellte Lotsen, welche den Autofahrern helfen, Orte zu finden, die auf den Landkarten nicht eingezeichnet oder auf den Hinweisschildern nicht aufgeführt sind. Pfadfinder zeigen wie die Anhalter einen Daumen, wenn sie bereit sind, jemandem den Weg zu zeigen, unterscheiden sich aber von diesen durch einen Rucksack, blaue Hemden mit gelber Krawatte und einen rußigen Teetopf in der linken Hand (Vorsicht beim Verstauen auf den Stoffpolstern!).

Pfefferminz Wichtiger Ausrüstungsgegenstand für PKW. Neben Warndreieck, Verbandkasten und Lenkrad muß stets eine ausreichende Menge nach Pfefferminz schmeckender Kaugummi im Handschuhfach mitgeführt werden. Während bei einer nächtlichen Verkehrskontrolle ein Mundgeruch, der auf Alkoholgenuß schließen läßt, sofort von jedem Polizeibeamten bemerkt wird und unangenehme

Passant

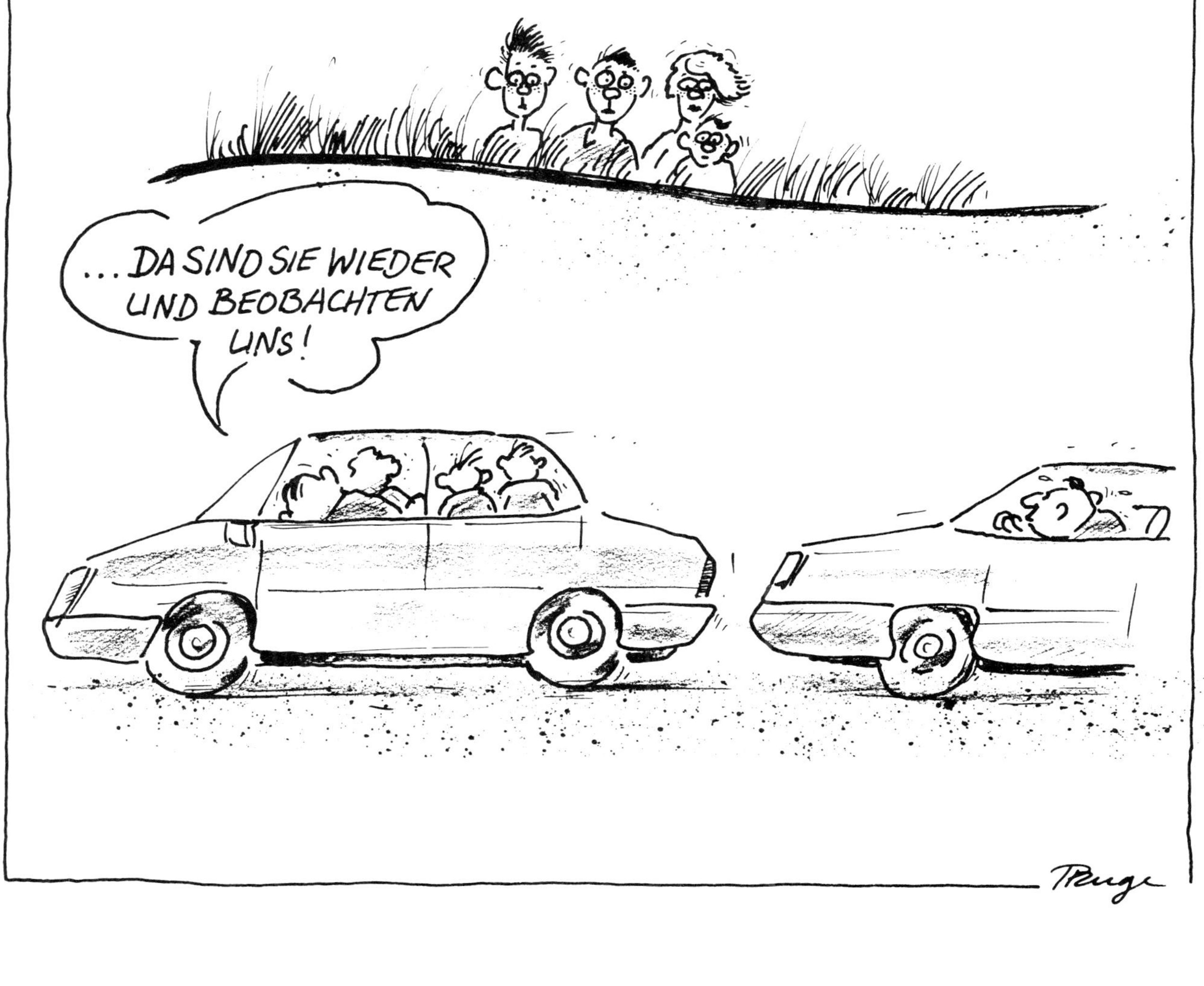

Folgen haben kann, käme der gleiche Beamte bei Pfefferminzgeruch niemals auf einen solchen Gedanken, daß nämlich der Autofahrer außer Pfefferminz auch noch Alkohol zu sich genommen haben könnte.

Pfeife	1. Abfällige Bemerkung über einen anderen Verkehrsteilnehmer; ist gerade noch zu freundlich, um in unser Schimpfwörterlexikon aufgenommen zu werden.
	2. Martinshorn eines Polizisten auf Fußstreife. Der kluge Autofahrer reagiert auf den Pfiff eines Streifenbeamten mit sofortiger Beschleunigung, wohl wissend, daß der Polizist keine Chance hat, ihn einzuholen. Sollte sich der Beamte das Kennzeichen gemerkt haben, dann ist zu dem entsprechenden Zeitpunkt eben der Onkel aus Amerika oder der Vetter aus Dingsda gefahren, der bereits leider wieder abreisen mußte.

Plattfuß

1. Veraltetes Schimpfwort für Polizisten.
2. Verformung des rechten Fußes eines Autofahrers, nach jahrzehntelangem intensiven Gasgeben.
3. Verformung eines Autoreifens.

Wer von Geburt an über Plattfüße verfügt, kann als geborenes Autofahrertalent gelten.

Politesse

Unterart der Spezies Polizist; spaltete sich von diesem im zwanzigsten Jahrhundert ab. Politessen haben die üblichen äußerlichen weiblichen Geschlechtsmerkmale; das ist aber auch alles, was sie von der lieblichen weiblichen Rasse übernommen haben. Im übrigen zeigen sie die gleichen Verhaltensweisen richtiger Polizisten. Während man mit einem normalen Polizisten jedoch meistens noch so richtig von Mensch zu Mensch reden kann, ist dies bei Politessen völlig unmöglich. Schon der Versuch löst bei den Politessen erschreckende Aggressionen aus. Angeblich soll ein Autofahrer, der versucht hatte, einer Politesse einen Kuß

Polizist

zu geben, monatelang im Krankenhaus behandelt worden sein. So etwas ist einem Autofahrer, der das bei einem Polizisten versucht hat, niemals passiert. Der verletzte Autofahrer ist nur deshalb einer strafrechtlichen Verfolgung entgangen, weil er von allen Gerichtsgutachtern und Psychiatern einstimmig als geistig nicht zurechnungsfähig beurteilt worden ist. Bei einer Begegnung mit einer Politesse ist es am besten, alle Verhaltensweisen eines Neutrums anzunehmen; während ein gut aussehender Mann jeden Alters überhaupt keine Chance hat, können ausgesprochen häßliche Menschen noch damit rechnen, einigermaßen objektiv behandelt zu werden (Ich habe einmal eine richtig nette Politesse kennengelernt; das war aber privat; dienstlichen Kontakt hatte ich mit ihr noch nicht. Daher ist diese Feststellung nur beschränkt bei der Beurteilung verwertbar!).

Polizist

Ein Polizist auf der Straße ist für den Autofahrer, was die Mücke im Schlafzimmer für den Urlauber ist: Lästig, schwer zu beseitigen, versetzt dem Selbstbewußtsein schmerzhafte Stiche und raubt den letzten Nerv. Alle ernsthaften Versuche zur sozialen Integration der Polizei als
a) Freund und Helfer
b) Großer Bruder
müssen so lange scheitern wie von den Versuchsgruppen hierfür eine Sondersteuer in Form von Verwarnungs- und Bußgeldern erhoben wird.

Porsche

Prof. Dr. h. c., Ferdinand; Erfinder des gleichnamigen Sportgerätes. Verdiente eigentlich einen Nobelpreis, da er es geschafft hat, Millionen von jungen Männern weltweit ein Lebensziel zu geben, welches von ihnen weit höher bewertet wird als eine Berufskarriere, eine Ehefrau oder ein Reihenhaus in der Vorstadt.

Q

Querlenker

Fahrzeug, welches unsere Fahrtrichtung kreuzt; kommt in zwei Typen vor:

a) Querlenker, die Vorfahrt haben; lassen sich häufig durch ununterbrochenes Hupen und Blinken davon abbringen, ihre Vorfahrt wahrzunehmen.

b) Querlenker ohne Vorfahrt; Achtung: Lassen Sie sich von solchen niemals durch Drohgebärden wie Hupen und Blinken die Vorfahrt nehmen!

R

Rabatte

1. Preisnachlaß auf Neuwagen; wird freiwillig Rabatt angeboten, ist Vorsicht geboten: Überzeugen Sie sich vor Abschluß des Vertrages, ob das angebotene Fahrzeug über alle vier Räder, ein Lenkrad, eine Hupe und mindestens einen Fahrersitz verfügt.

2. Blumenbeet; gut geeignet zum Parken bei Besuch von Freunden und Bekannten, die einen Vorgarten besitzen und vor deren Haus Halteverbot besteht.

Radarfalle

Typisches Beispiel dafür, daß technischer Fortschritt auch seine Nachteile hat. Ein Radargerät mißt die angeblich gefahrene Geschwindigkeit, verdoppelt diese Zahl und zieht Datum und Uhrzeit ab. Wenn es nach den Radarfallen ginge, führe jedes Auto zu schnell. Die Tatsache, daß nur jedes dritte gemessene Auto angehalten wird, ist auf die Schreibfaulheit der messenden Polizeibeamten zurückzuführen. Aber kleine Sünden straft der liebe Gott sofort: Die Amerikaner haben soeben herausgefunden, daß der häufige Umgang mit dem Radargerät bei Polizisten zu Potenzstörungen führt (Recht geschieht ihnen!!!).

Radarfalle

Radkappe	Mütze für Räder, gegen Wetterunbillen gedacht. Nebenher ein herrliches Spielzeug, um Autofahrer zu ärgern: Nehmen Sie Ihrem Feind vorsichtig die Radkappe vom Wagen, am besten hinten rechts, legen Sie fünf alte Schrauben oder fünf Kieselsteine Größe „zehn" ein und befestigen Sie die Radkappe wieder ordnungsgemäß. Die nächste Autowerkstatt wird es Ihnen herzlich danken!
Radschlagen	Turnübung von Fußgängern, die körperlichen Kontakt mit Autos aufgenommen haben.
Rallye	Sir Walter Rallye; englischer Adeliger; wurde berühmt, weil er der englischen Königin seinen Mantel zu Füßen ausbreitete, um ihr durch Dreck und Schlamm zu helfen. Sir Walter Rallye war seinerzeit zu Fuß auf dem Weg, weil es noch keine Autos gab. Trotzdem wurde, wegen seines harten Kampfes mit Schlamm und Sumpf, eine Sportart nach ihm benannt, die daraus besteht, möglichst schnell mit einem Auto durch normalerweise unpassierbare Landschaften zu sausen. Wie der Pressesprecher von „Walter Röhrl", einem der erfolgreichsten Rallyefahrer der Welt, mitteilt, beabsichtigt dieser, sich demnächst in „Sir Walter Röhrl" umbenennen zu lassen.
Rasen	Ausdruck aus dem Gartenbau (siehe auch „Gartln", in der gleichen Reihe wie dieses Buch erschienen!); hat mit dem Autofahren nichts zu tun.
Reaktionszeit	Sehr kurzer, fast nicht meßbarer Zeitraum, der zwischen dem Bemerken eines Fahrzeuges, das überholen will und dem Druck auf das Gaspedal liegt.
Rechtsschutzversicherung	Spezielle Zusatzversicherung für Autofahrer. Macht die Vorfahrtsregel „rechts vor links" gegenstandslos. Wer eine gültige Rechtsschutzversicherung besitzt, hat an Kreuzungen auch dann Vor-

fahrt, wenn er von links kommt. Dabei ist dem anderen Fahrzeug, welches gegebenenfalls von rechts kommt, durch lautes Hupen und Blinken zu signalisieren, daß man Vorfahrt hat und sie auch wahrnehmen will.

Rennfahrer	Was die Zeitungsschreiber so „Rennfahrer" nennen, sind doch nur Leute, die weder die Nerven und den Mut haben für täglich mehrmalige Hindernisrennen über verstopfte Straßen mit Gegenverkehr, Ampeln und Fußgängern, noch sich der exakten Geschwindigkeitsmessung durch Radarfallen stellen wollen. Sie weichen statt dessen auf hindernisfreie Rundstrecken ohne Gegenverkehr aus. Von den ersparten Buß- und Verwarnungsgeldern leisten sie sich dann diese Zeitungsreklame.
Reparaturen	Durch einen raffinierten technischen Trick ist es den Autofabriken gelungen, die Fahrzeuge so zu bauen, daß Reparaturen immer erst nach Ablauf der Garantiezeit auftreten. Durch Jahre dauernde Belastungstest brachten sie es fertig, alle Autoteile so durchzukonstruieren, daß sie genau dreizehn Monate lang halten. Gleichzeitig werden während der Inspektionen im Rahmen der Garantiezeit die Teile ausgewechselt, welche den Eindruck machen, sie könnten sogar zwei oder mehr Jahre ohne Reparatur überstehen. Bis vor zwei Jahren haben sich die japanischen Autofabriken an diese internationale Abmachung nicht gehalten, daher konnten sie unerhörte Umsatzgewinne verzeichnen. Seit 1982 haben sie den Vertrag ebenfalls ratifiziert.
Reserverad	Während bisher fast alle Fahrzeuge mit einem Reserverad ausgerüstet waren, um im Falle eines Plattfußes (siehe dort!) das Rad auswechseln zu können, ist man aus Ersparnisgründen jetzt bei einigen Kleinwagen dazu übergegangen, für diese Zwecke das Lenkrad zu verwenden. Das verbilligt die Herstellungskosten und vergrößert das Angebot an Laderaum. Außerdem muß man auf langen Urlaubsreisen nicht mehr den ganzen Kofferraum auspacken, wenn man an das Reserverad heran muß.

Retourkutsche	Fahrzeug, das aus Ersparnisgründen nur rückwärts fahren kann; nicht zu verwechseln mit einem italienischen Panzer, der aus Sicherheitsgründen fünf Rückwärtsgänge und einen Vorwärtsgang besitzt.
Richtgeschwindigkeit	Gegenteil von „Lichtgeschwindigkeit", also eine sehr langsame, fast kriechende Geschwindigkeit auf Autobahnen und Landstraßen (Achtung auf Schnecken, diese neigen dazu, unerwartet rechts zu überholen!).
Rivale	Jeder Verkehrsteilnehmer, der Vorfahrt hat, uns überholt, vor uns an der Ampel steht oder mehr PS hat als wir (siehe auch „Partnerprobleme!").
Roadster	Englisches Sportfahrzeug, das angeblich besonders schön zu fahren ist; wurde von den Ärzten erfunden, weil jeder Fahrer eines solchen Autos innerhalb kürzester Zeit die folgenden Krankheiten bekommt: Husten, Schnupfen, Halsschmerzen, Fieber, Grippe, Bronchitis, Halswirbelsäulensyndrom, Kopfschmerzen, Schulter-Arm-Syndrom, Bandscheibenvorfall, Rheuma, Arthritis, Hornhautentzündung, Hämorrhoiden und Hirnerweichung. Hat sich für die Ärzte ungeheuer bezahlt gemacht, da fast für jeden Facharzt eine oder mehrere Krankheiten enthalten sind.
Rolls-Royce	Englische Angeberkiste. Wird für Leute gebaut, die es nötig haben, damit ihre Potenz zu beweisen. So etwas brauchen w i r nicht! Auf der Frankfurter Automobilausstellung stellte ein Kritiker mit Recht fest, daß die Uhr des Rolls-Royce viel zu laut tickt. Zum anderen steht die PS-Zahl nicht im Prospekt; da weiß man ja gar nicht, wann man Vorfahrt hat (Im übrigen, was soll ich mit dem kostenlos mitgelieferten Monteur, da ich doch glücklich verheiratet bin!).

Rost	Laut Auskunft des „Dachverbandes der Deutschen Automobilindustrie" existiert, zumindest im Bereich Kraftfahrzeugtechnik, Rost nicht. Wer also im Zusammenhang mit einem Personenkraftwagen von Rost spricht, muß mit einer Verleumdungsklage seitens dieses Verbandes rechnen.
Rotgrün-Blindheit	Erblich erworbene Schwäche, die Farben Rot und Grün zu unterscheiden. Etwa fünf Prozent aller Menschen und fünfzig Prozent aller Autofahrer zeigen diese Schwäche.
Rücksicht	Fremdwort, hat mit dem Autofahren nichts zu tun.
Rückspiegel	Im Rückspiegel erkennt der Autofahrer seinen größten Feind, den Überholer. Um ihn rechtzeitig erkennen und vielleicht noch abwehren zu können, ist jedes Auto mit zwei oder sogar drei solchen Spiegeln ausgerüstet. Sieht der Autofahrer einen Überholer kommen, so läuft etwa das folgende reflexartige Geschehen ab: Einschätzung der PS-Zahl des Feindes, Bitte um ein Überholverbot, starken Gegenverkehr oder eine unübersichtliche Kurve, festes Durchtreten des Gaspedals und das Einnehmen der linken Straßenseite. Gelingt es, den Versuch abzuwehren, ist alles gut; gelingt das aber nicht, kommt es zu Wutausbrüchen, wilden Drohgebärden, Hupen, Blinken und zum Autofahrergruß (siehe dort!).
Salon	Frankfurter Auto-Salon, internationale Ausstellung von Kraftfahrzeugen, die lediglich zur Benutzung in geschlossenen Räumen geeignet sind, da sie nicht wasserfest sind und bei Berührung mit feuchter Luft sofort beginnen, zu rosten.
Säuferbalken	Langes Holzbrett, welches in Polizeirevieren aufgestellt ist; über dieses Brett müssen alle die Autofahrer balancieren, bei welchen der Verdacht besteht, sie hätten zuviel Alkohol getrunken. Bestätigt sich dieser Verdacht, so wird dies im Führerschein eingetragen.

Schalten

Schalensitz	Dem Kinderstuhl und dem Krankenstuhl nachempfundener Autositz aus Kunststoff, in dessen Sitzfläche ein Nachttopf eingelassen wurde. So kann der Autofahrer, anstatt nach einem Parkplatz zu suchen, sein Geschäft unter der Fahrt erledigen. Die Schalen können mit einem Handgriff herausgenommen und an der nächsten Tankstelle entleert werden.
Schalten	Autofahrer müssen schnell schalten können; doch bedarf es auch hier einer genauen Dosierung: Schaltet er zu schnell, kracht das Getriebe, schaltet er zu langsam, kracht das ganze Auto (zum Beispiel in den Vordermann).
Scheibenbremse	Auch Scheibenwespe, Scheibenfliege und Scheibenmücke; häßliche Überreste sehr flacher Insekten auf der Windschutzscheibe, nach langen Autofahrten an warmen Sommertagen auftretend.
Scheinwerfer	1. Kunde, der ein neu erstandenes Auto mit Bargeld bezahlt. 2. Blendhilfe (siehe auch „Abblenden"!).
Schlagloch	Mundöffnung eines Boxers.
Schlangenverkehr	Findet während der Brunftzeit der Schlangen statt, also vornehmlich um Pfingsten herum. Es empfiehlt sich, dem Schlangenverkehr aus dem Weg zu gehen, da die Schlangen während dieser Zeit sehr gefährlich sein können. Allerdings wird durch den Verkehrsfunk davor gewarnt.
Schmiernippel	Ausdruck aus der Verkehrserotik.
Schrotthändler	Siehe „Gebrauchtwagenhändler"!
Schwarzfahrer	1. Neger, der den Führerschein erworben hat. 2. Weißer, der den Führerschein noch nicht erworben hat.

Sicherheitsgurt	Schützt die Beifahrerin davor, sich nach vorne zu beugen, wenn a) das Auto auf einen festen Gegenstand prallt b) der Fahrer auf die Beifahrerin prallt. Bei b) hat der Sicherheitsgurt sonst keinerlei „Sicherheitseffekt"!
Simmering	Österreichischer Alpenpaß.
Sitzbezüge	Gefängnis-Tagegeld für Autofahrer, die wegen „Alkohol am Steuer" Haftstrafen absitzen.
S-Kurve	Warnschild, welches auf scharfe Kurven hinweist; steht zum Beispiel vor Mädchengymnasien, öffentlichen Häusern und Animierkneipen.
Sonntagsfahrer	1. Jeder andere Autofahrer, welcher Sonntags vor Ihnen herfährt, von rechts kommt oder vor Ihnen in die letzte Parklücke fährt. 2. Jeder andere Autofahrer, der während der Woche vor Ihnen herfährt, von rechts kommt oder vor Ihnen in die letzte Parklücke fährt. 3. Jeder andere Autofahrer.
Spoiler	Aus dem Englischen: to spoil = verdrecken, verunreinigen; der Spoiler ist eine Platte aus Blech oder Kunststoff, welche vorne am Auto angebracht Dreck, Fliegen und Kuhmist von der Straße hoch gegen die Windschutzscheibe schleudert.
Sportwagen	Gedanken eines Mannes zum Sportwagen: Mit 10 Jahren: „Wenn ich erst mal groß bin!!!" Mit 20 Jahren: „Motorrad ist eigentlich viel schöner!" Mit 30 Jahren: „Liebling, das können wir uns nicht leisten!" Mit 40 Jahren: „Der will ja doch bloß Frauen aufreißen!" Mit 50 Jahren: „Jetzt schau Dir mal den alten Spinner an, in seinem Alter!!!" Mit 60 Jahren: „Gibt es den Ferrari 308 GTBi Quatrovalvole auch mit Automatik???"

Standheizung	Spezialausrüstung für Autos von Studenten ohne sturmfreie Bude.
Steuerflucht	Bei einem Verkehrsunfall verletzter Autofahrer, der sich vor Eintreffen des Notarztes vom Steuer seines Wagens entfernt und nach Hause flieht, um einem unter Umständen schädlichen ärztlichen Eingriff zu entgehen (siehe auch den Band „verarzten", in der gleichen Reihe erschienen, unter dem Stichwort „Behandlung, ärztliche"!).
Stoßdämpfer	Akustisches Warnanzeigegerät; an den Rädern montiert, um das Auffinden von Schlaglöchern zu erleichtern.
Straßenverkehr	„Sie unanständiger Mensch, haben Sie keine Wohnung?"
Straßenverkehrsordnung	Fehlersuchanleitung; sagt dem Autofahrer hinterher, was er falsch gemacht hat. Die StVO wird jedoch mit ihren veralteten Grundsätzen und ihrer unverständlichen Sprache den Anforderungen des modernen Straßenverkehrs nicht mehr gerecht. Eine Gesetzesänderung ist in Sicht. So wird demnächst der § 1 der StVO nicht mehr lauten: „Jeder Teilnehmer des Straßenverkehrs hat sich so zu verhalten, daß ..... ", sondern: § 1 der StVO: „Alles verboten!"

T

Tachometer	Findet sich im Armaturenbrett jedes Kraftfahrzeuges; zeigt sehr zuverlässig den Wert des Autofahrers an, der gerade am Steuer sitzt. Heißt in den romanischen Ländern auch „Machometer".
Takt	Beim Autofahren bedarf es einer großen Menge an Takt; in dieser Hinsicht hat sich in den letzten Jahren viel getan: Während früher noch zahlreiche Fahrzeuge einen Zweitaktmotor besaßen,

sind die Autos von heute viel taktvoller geworden, denn es gibt fast nur noch Viertakt-Motoren. Leider kann man ähnliches von den Autofahrern bisher nicht sagen.

Testverbrauch	Kraftstoffverbrauch eines PKW; wird im Prospekt des Herstellers angegeben. Aus dem Testverbrauch läßt sich mittels der folgenden Formeln leicht der Minimal-, Maximal- und der Normalverbrauch errechnen: Minimalverbrauch = Testverbrauch × 2 Maximalverbrauch = Testverbrauch × 20 Normalverbrauch = Testverbrauch × 10

TÜV

Wird wie „Tüff" ausgesprochen; ist ein Verein von Graukitteln, der sich selbst als eine Art Wiederauferstehung versteht. Wenn wir die Ärzte als „Halbgötter in Weiß" bezeichnen, dann verdienen die Herren vom Tüff den Titel „Götter in Grau".
Wichtige Regeln für den Umgang mit diesen Wesen:
1. Kleine Geschenke erhalten die Freundschaft.
2. Schicken Sie stets Ihre Frau mit dem Wagen zum Tüff (falls sie unter dreißig ist), sonst Ihre Tochter, Ihre Freundin, Ihre Sekretärin.
3. Widersprechen Sie niemals!
Der größte Feind des Tüff sind rostfreie Autos und – neuerdings – die Kollegen von der „DEKRA".

U

Unterbodenschutz

Pampers für Automobile.

V

Ventilator

Zentrales Steuergerät für sämtliche Ventile, die zur richtigen Funktion eines Autos gehören. Heute computergesteuert, daher

Verkehrsampel

etwas anfälliger als früher. Der Ventilator steuert gleichzeitig die Ablaßventile, die Reifenventile, die Einspritzventile, das Ventilspiel und bläst frische Auspuffluft des vorausfahrenden Wagens in das Wageninnere Ihres Fahrzeuges.

Verkehrsampel

Automatisches Verkehrszerhackungsgerät; häufigste Ursache für Verkehrsstauungen. Wissenschaftler haben herausgefunden, daß wesentlich mehr Benzin eingespart werden könnte, wenn sämtliche Ampeln ständig auf grün geschaltet wären. Nur Verschwender und Feiglinge halten bei rot. Und noch ein Tip für Feinschmecker unter den Autofahrern: An den Ampeln ist es einfach, sich einen Fußgänger mal so richtig vorzunehmen. Die Ampel ist der „Hochsitz" des Autofahrers.

Verkehrshindernis

Alles, was einem freien und ungehinderten Verkehr im Wege steht, zum Beispiel:

beim Teenager	der Staatsanwalt
beim Studenten	die Zimmerwirtin
bei der Freundin	die Ehefrau
beim Auto	die Handbremse

Verkehrssünderkartei

Adelskalender für Auto- und Motorradfahrer; mit der Aufnahme in die Verkehrssünderkartei gehört der Mensch erst richtig zur „Haute Volée" des zwanzigsten Jahrhunderts. Nur wem es gelingt, Mitglied dieses erlesenen Kreises zu werden, kann als vollwertiger Autofahrer anerkannt werden.

Verkehrsunfall

1. Experimentelle Widerlegung des physikalischen Gesetzes, wonach an einem Punkt nicht gleichzeitig zwei Gegenstände sein können; führt einerseits zu schnellster Vernichtung von Energie und entzieht diese somit dem Mißbrauch, verhilft andererseits der Automobilindustrie.
2. Pubertärer Ausdruck für eine unerwünschte Schwangerschaft.

Vogelzeigen	Ebenso humorvolle wie liebenswürdige, an einen anderen Verkehrsteilnehmer gerichtete Geste. Sie besagt, daß man sein nicht ganz regelgerechtes Verhalten bemerkt hat, aber großzügigerweise bereit ist, es zu verzeihen. Auch als Achtungsbezeugung gegenüber kontrollierenden Polizisten hat diese Geste sich bestens bewährt.
Vorfahrt	Vorfahrt haben: Autos vor Fußgängern, Autos vor Fahrrädern, Autos vor Motorrädern, mein Auto vor Ihrem Auto, LKW vor Autos (das ist aber eine Frage der Sicherheit, nicht der gesetzlichen Vorschrift), Panzer vor Autos, des weiteren: Autos mit mehr PS vor Autos mit weniger PS, Arbeiter vor Gastarbeitern, Angestellte vor Arbeitern, Beamte vor Angestellten, Akademiker vor Beamten, FDP vor den Grünen, SPD vor FPD, CDU vor SPD, CSU vor CDU. Übrigens: Den Mercedes 600 SELDT erhalten Sie jetzt gegen Aufpreis mit eingebauter Vorfahrt.

W

Wankelmotor	Motor, der sowohl Vorwärts- als auch Rückwärtsfahrt ermöglicht; konnte sich nicht recht durchsetzen, weil er sich häufig nicht entscheiden konnte, – daher der Name.
Warnblinkanlage	Trickschalter, um beide Richtungsanzeiger gleichzeitig aufblinken zu lassen, zum Beispiel, wenn man in einer fremden Großstadt eine bestimmte Straße sucht und nicht weiß, ob man an der nächsten Kreuzung nach rechts oder nach links abbiegen muß.
Wartung	Wartezeit, welche beim Abholen eines Autos aus der Reparaturwerkstatt anfällt.

Waschstraße   Macht unter dem Vorwand der billigen und schnellen Autowäsche den hochglänzenden Lack unserer Lieblinge matt und stumpf; verhindert so gefährliche Spiegelungen und den Konkurs der Autolackiererbranche.

Watt   Einzahl von Watte (siehe Autoverbandkasten!).

Weiße Maus   Deckname für Verkehrspolizisten. Wenn man eine weiße Maus entdeckt, ist man entweder betrunken oder man nähert sich einer Verkehrsstauung, im schlimmsten Falle trifft beides zu. Jetzt ist größte Vorsicht geboten. Merke: „Lieber eine schwarze Katze von rechts als eine weiße Maus von links!"

Wildwechsel   1. Überfinanzierung beim Autokauf.
2. Zollamtlich: Unerlaubter Grenzübertritt.

Wirtschaftlichkeit   Vorwand der Automobilfabrikanten für Unbequemlichkeit, abschreckende Formgebung und schwache Motorleistung von Autos. Daneben ein abgenutztes Argument von Leuten, die sich ständig überholen lassen müssen.

Wohnwagen   Fahrzeug für finanziell schwächere Bevölkerungsgruppen, die sich nicht gleichzeitig eine Wohnung, ein Hotelzimmer und ein Auto leisten können. Hat wie alle Kompromißlösungen erhebliche Schwächen: Als Wohnung zu schnell, als Fahrzeug zu langsam.

Z

Zebrastreifen   Fußgängerfurt, in der sie von einem Reservat (s. „Fußgängerzone") in ein anderes überwechseln können, und auf der sie nicht erlegt werden dürfen. Trotzdem kommt es immer wieder zu Übergriffen durch Wilderer.

Zündkerze

Kleiner Gegenstand aus Metall und Porzellan; meist paarweise oder vierfach in den Motor eingeschraubt. Sind sehr heimtückisch, weil man sich erstens immer die Finger an ihnen verbrennt, oder weil sie zweitens immer festgerostet und total verölt sind. Haben mit den Wachskerzen gemein, daß sie nicht richtig brennen und nach Neukauf nicht in vorgesehene Halterung passen. Zündkerzen müssen nach Ansicht der Tankstellen und Autoreparaturwerkstätten nach zehn Betriebsstunden, nach Ansicht der meisten Autofahrer niemals ausgetauscht werden. Die meisten Autofahrer führen in tiefen dunklen Ecken ihres Wagens mehrere Zündkerzen mit, welche ihnen die Finger verbrannt hatten und dann in die Tiefe fielen, von wo sie nicht mehr herauszukriegen sind. Nur durch ein deutliches Klappern erinnern sie immer wieder an ihre Existenz.

Zündspule

Kleine handliche Plastiktrommel, auf welche das Zündkabel aufgewickelt wird.

Zündzeitpunkt

Der Moment, an dem der Autofahrer explodiert, weil
1. Er seinen Wagen dringend braucht und seine Frau damit zum Einkaufen gefahren ist,
2. Er seinen Wagen wiedersieht, nachdem seine Frau damit zum Einkaufen gefahren ist,
3. Er sieht, was seine Frau alles eingekauft hat.

Zweikreisbremse

Bremsanlage, über die heutzutage jedes Auto verfügt. Deshalb können Bremsen auch nie mehr versagen. Oder sollten wir da falsch informiert sein…?

Zweitwagen

Wagen, den man kauft, wenn man schon einen Wagen hat. Für den Erwerb des Zweitwagens kann es verschiedene Gründe geben:
1. Der Erstwagen soll nicht unter dem Stadtverkehr leiden.

2. Der Erstwagen soll nicht unter der Ehefrau leiden.

3. Der Ehemann soll nicht unter der sonst regelmäßig mitfahrenden Ehefrau leiden.

Unser Leserservice:
Ausführliches Schimpfwörter-Verzeichnis
von A bis Z

A	Abschaum, Abstauber, Affenarsch, Ampelschläfer, Anfänger, Arschkriecher
B	Betriebsblinder, Blödmann, Bock, Brillenschlange, Brüllaffe
C	Charivari, Clown, Cretin
D	Dämelack, Depp, Dodel, Doofmann, Dorftrottel, Drecksack, Dummkopf, Dussel
E	Egosau, Eierkopf, Ekel, Esel
F	Fahrschüler, Feigling, Filzlaus, Fußgänger
G	Galgenvogel, Größenwahnsinniger, Großschnauze
H	Hammel, Hasenfuß, Hinterwäldler, Holzkopf, Hornochse, Hosenscheißer, Hundsfott, Hurenbock
I	Idiot, Ignorant, Irrer, Ithakersau
J	Jammerlappen, Jeck
K	Kaffer, Kameltreiber, Kamuffel, Kanaille, Katzlmacher, Knallkopf (männl.), Knalltüte (weibl.), Kretin, Kuli
L	Lahmarsch, Löli, Luder, Lump

M	Maccaronifresser, Makkake, Maulhure, Mistbock, Miststück, Mondkalb, Muli
N	Nachteule, Nichtsnutz, Niete, Null, Nulpe
O	Obertrottel, Odeltrinker, Ochsenkopf
P	Parasit, Pavian, Piesepampel, Pinscher, Pißnelke, Pistenschreck, Puffmutter
Q	Quasselstrippe, Quatschkopf, Quertreiber
R	Reinfall, Rennsau, Riesenringeltrottel, Rindvieh, Rotznase
S	Sack, Saftsack, Sau, Schafskopf, Schlappschwanz, Schnapsdrossel, Schwächling, Stinkstiefel, Strohkopf, Schuft, Saftheini, Saftneger, Spaßvogel
T	Tattergreis, Trantüte, Traumtänzer, Trottel
U	Untermensch, Urvieh
V	Viehtreiber, Vollidiot
W	Wasserkopf, Wechselbalg, Weichling, Wimmerl
Z	Zimtziege, Zuhälter, Zulukaffer

Es empfiehlt sich für den weitsichtigen Kraftfahrer, dieses Verzeichnis auf einer der Größe der Führerscheine entsprechenden Karte niederzuschreiben und griffbereit in die Kraftfahrzeugpapiere zu legen, da er es ja gerade bei Verkehrskontrollen stets zusammen mit den Papieren zur Hand haben muß.

ISBN 3-8231-0135-8

ISBN 3-8231-0543-4

ISBN 3-8231-0126-9

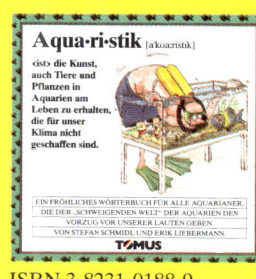

ISBN 3-8231-0188-9

ISBN 3-8231-0176-5

ISBN 3-8231-0166-8

ISBN 3-8231-0139-0

ISBN 3-8231-0189-7

ISBN 3-8231-0116-1

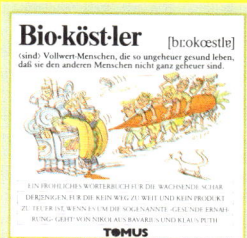

ISBN 3-8231-0173-0

ISBN 3-8231-0177-3

Fröh·li·che Wör·ter·bü·cher
von A bis Z

ISBN 3-8231-0105-6

ISBN 3-8231-0138-2

ISBN 3-8231-0136-6

ISBN 3-8231-0159-5

ISBN 3-8231-0179-X

ISBN 3-8231-0110-2

ISBN 3-8231-0162-5

ISBN 3-8231-0181-1

ISBN 3-8231-0545-0

ISBN 3-8231-0101-3

ISBN 3-8231-0190-0

E·D·V [e:de:'fau]
Abk. für »Elektronische Daten-Verwirranlage«, die immer mehr Menschen in ihren Bann zieht.

ISBN 3-8231-0120-X

Eis·ho·ckey [ais'hɔkɛ]
(ist) die Kunst, so gekonnt auf schmalen Kufen übers Eis zu fetzen, daß beim Bodycheck immer nur der Gegner auf die Bretter muß.

ISBN 3-8231-0137-4

Eng·land
heiter betrachtet

EIN FRÖHLICHER REISEFÜHRER FÜR UNENTWEGTE ENGLAND-FANS UND ALLE, DIE EINEN LEICHTEN SPLEEN UND DIE FEINE ENGLISCHE ART ZU SCHÄTZEN WISSEN. VON EGBERT DAUM UND LAURIE SARTIN

ISBN 3-8231-0534-5

Fall·schirm·springen [fal-ʃirm-ʃprʊŋən]
(ist) die Kunst, nach Absprung aus einem fliegenden Luftfahrzeug mit Hilfe eines windigen Stückes Tuch ohne Schaden an Leib und Seele auf die Erde zu landen und dann nervenkitzel-lieben, aus einem Luftfahrzeug vor der Landung auszusteigen.

ISBN 3-8231-0121-8

fau·len·zen [fauləntsn]
(ist) die Kunst, jede Möglichkeit zum Müßiggang konsequent *zu nutzen* und **dennoch** zu Geld oder **Ansehen** zu gelangen.

ISBN 3-8231-0152-8

fech·ten [fɛçtn]
(ist) die Kunst, zu stoßen, ohne gestoßen zu werden, zu hieben, ohne verhauen zu werden.

ISBN 3-8231-0157-9

feiern [faɛrn]
(ist) die Kunst, dem Leben gemeinsam mit Freunden für einige Stunden die schönsten Seiten abzugewinnen.

ISBN 3-8231-0122-6

Fern·se·hen & Vi·deo [fɛrn.ze.ən & vi.deo]
(sind) erregende Drogen für Erlebnis-Hungrige, die überall dabei sein möchten, ohne deshalb auf künstlichen Komfort verzichten zu müssen.

ISBN 3-8231-0144-7

Fit·neß [fitnɛs]
(ist) der schweißtreibende Versuch, sich so lange freiwillig abzustrampeln, bis man am gewünschten Ziel ist, z. B. dem Idealgewicht

ISBN 3-8231-0114-5

Foto·grafieren [foto'gra:fi:rən]
(ist) die Kunst, mit Kamera und Blitzlicht so umzugehen, daß man später auf dem Dia eine Katze vom Berliner Funkturm unterscheiden kann.

ISBN 3-8231-0113-7

Fran·ken
heiter betrachtet

ISBN 3-8231-0541-8

Frank·furt
heiter betrachtet

ISBN 3-8231-0544-2

Fuß·ball [fusbal]
(ist) die Kunst, mit 44 krummen Beinen eine lufterfüllte Lederkugel in 2 große Netze zu dreschen.

ISBN 3-8231-0107-2

gär·teln ['gɛrtln]
od. gärtnern, die Kunst, Unkraut und Schädlinge zu vertilgen, um Blumen und Früchte für Vögel und andere Schmarotzer großzuziehen.

ISBN 3-8231-0128-5

Geld ver·die·nen [gɛlt fɛr'di:nən]
(ist) die Kunst, mehr aus seinem Geld zu machen oder wenigstens zu wissen, wie es auf keinen Fall *weniger* wird.

ISBN 3-8231-0191-9

gol·fen [gɔlfn]
(ist) die Kunst, auf 18 viel zu langen Spielbahnen mit 14 ungeeigneten Schlägern einen viel zu kleinen Ball in ein winziges Loch zu spielen.

ISBN 3-8231-0112-9

Ham·burg
heiter betrachtet

ISBN 3-8231-0542-6

Hand·ball [hant'bal]
(ist) die Kunst, einen vielarmigen Abwehrriegel im Sprungwurf zu knacken und dann auch noch ins viel zu kleine Tor zu treffen.

ISBN 3-8231-0149-8

Harz
heiter betrachtet

ISBN 3-8231-0548-5

Hes·sen
heiter betrachtet

ISBN 3-8231-0546-9

Hi·fi & C·D [haːfaɪ & tseː:deː]
(sind) das absolute Musikerlebnis, dessen einziger Nachteil darin besteht, daß man es nur in Zimmerlautstärke genießen kann.

ISBN 3-8231-0147-1

Hockey [hɔkɛ]
(ist) die Kunst, mit einem gebogenen Stück Holz einen kleinen Ball durch die Beine des Gegenspielers zu bugsieren - und dabei nur eine Seite des Schlägers benutzen zu dürfen.

ISBN 3-8231-0187-0

Ho·tel & Gast·stät·te [ho'tɛl & gast'ʃtɛtə]
(sind) Orte der Gastlichkeit, an denen jeder Kunde König ist, solange er für den Service entsprechend bezahlt.

ISBN 3-8231-0167-6

Ita·li·en
heiter betrachtet

ISBN 3-8231-0540-X

TOMUS-Bücher machen Spaß

ja·gen [ˈjaːgn̩]

ist die Kunst, Wild zu hegen, bis es alt genug ist, um unter großen Strapazen, hohen Kosten und viel Zeitaufwand wieder aufgespürt und erlegt zu werden.

EIN WÖRTERBUCH FÜR JAGDFREUNDE, SONNTAGSJÄGER, WALDLÄUFER UND TRAPPER VON ALFRED STAMPFL

TOMUS

ISBN 3-8231-0129-3

Ju·ri·ste·rei [ˈjuːrɪstəˈraɪ]

⟨ist⟩ die überaus kostspielige Kunst, den Amtsschimmel sowohl zum Wiehern als auch zum Galoppieren zu bringen.

EIN FRÖHLICHES WÖRTERBUCH FÜR PARAGRAPHEN-DRECHSLER UND SCHREIBTISCHHENGSTE, VOR ALLEM ABER FÜR DAS HOCHVEREHRTE RECHTSUCHENDE PUBLIKUM VON HANSJÖRG STÄHLE UND KLAUS PUTH

TOMUS

ISBN 3-8231-0143-9

Kampf·sport [ˈkampfʃpɔrt]

⟨ist⟩ die Kunst, ohne Waffen sich selbst zu verteidigen, den Gegner zu Boden zu zwingen, gleichzeitig Körper und Geist zu bilden und obendrein auf der Matte eine gute Figur abzugeben.

EIN FRÖHLICHES WÖRTERBUCH FÜR ALLE BUDOKAS, JUDOKAS, KARATEKAS, AIKIDO-, JIU-JITSU-, KENDO- UND KUDOKÄMPFER SOWIE FÜR DO-IT-YOURSELF-VERTEIDIGER. VON DIETMAR SCHENK UND PETER BUTSCHKOW

TOMUS

ISBN 3-8231-0098-X

Ka·nu & Ka·jak [ˈkaːnu & ˈkajak]

⟨fahren ist⟩ die Kunst, sich in jeder Lage über oder unter Wasser zu halten.

EIN FRÖHLICHES WÖRTERBUCH FÜR ALLE WILDWASSERFREAKS, HOCHSEEAMATEURE, WANDERPADDLER, AUSSTEIGER, EINSTEIGER UND ALLE FREIZEITKAPITÄNE. TEXT UND ZEICHNUNGEN VON JÖRGE THEOBALD UND ELKE RITTLINGER

TOMUS

ISBN 3-8231-0168-4

Kat·zen [ˈkatsn̩]

beliebte Haustiere, die genau das tun, was man möchte, vorausgesetzt, man verlangt das Gegenteil.

EIN WÖRTERBUCH FÜR ALLE, DIE ZUFÄLLIG ODER ABSICHTLICH MITBEWOHNER EINES KATZENHAUSHALTES WERDEN UND SICH DARAUFHIN EINBILDEN, KATZENBESITZER ZU SEIN. VON GÜNTER STEIN UND HANS ULLRICH

TOMUS

ISBN 3-8231-0119-6

ke·geln [ˈkeːgln̩]

⟨ist⟩ die Kunst, mit einer Holzkugel so gut abzuräumen oder die Vollen zu gehen, daß man als Sport- oder Freizeitkegler stets der Größte ist.

EIN FRÖHLICHES WÖRTERBUCH FÜR KEGLER, BOWLER UND ALLE, DIE AUF DIESE SPORTARTEN ÜBER JEDE ANDERE GEHEN VON A. TETZ UND U.P. BRECHSIS

TOMUS

ISBN 3-8231-0123-4

Kin·der [ˈkɪndɐ]

⟨sind⟩ liebebedürftige, unerwachsene Menschen zwischen Geburt und Reife, die ihren Eltern solange Freude machen, wie Sie Lust dazu haben.

EIN WÖRTERBUCH FÜR UR-, GROSS- UND ELTERN, TANTEN, POLITIKER, KINDERGÄRTNERINNEN UND SOLCHE, DIE ES WERDEN WOLLEN VON C.J. FRANK, PETER GROSSKREUZ, P. GROVE

TOMUS

ISBN 3-8231-0134-X

Köln heiter betrachtet

EIN FRÖHLICHER REISEFÜHRER FÜR ALLE, DIE RÖMISCHES, ALTE KIRCHEN UND MUSEEN, "WEETSCHAFTEN", KARNEVAL UND KÖLLSCHEN KLÜNGEL, LIEBEN VON MAX-LEO SCHWERING UND FALKO HÖNNEN

TOMUS

ISBN 3-8231-0650-3

Kunst & Antiquitäten [kʊnst & antikvitɛːtn̩]

⟨sind⟩ ein überflüssiger Luxus, auf den man am allerwenigsten verzichten kann.

EIN FRÖHLICHES WÖRTERBUCH FÜR KENNER UND KÖNNER, SAMMLER UND LIEBHABER UND ALLE, DIE MIT IHNEN ZU TUN HABEN VON GERTRUD HOCHSTÄTTER UND BRIAN BAGNALL

TOMUS

ISBN 3-8231-0154-1

Ku·ren & Kneip·pen [ˈkuːrən & ˈknaɪpn̩]

⟨ist⟩ die Kunst, so gesund krank zu sein, daß der Urlaub vom Arzt verschrieben, von der Krankenkasse bezahlt und dann in vollen Zügen genossen wird.

EIN FRÖHLICHES WÖRTERBUCH FÜR KURGÄSTE, KURÄRZTE, KURTAXER, KURSCHATTEN UND ANDERE KURLAUBER VON GERTRUD HOCHSTÄTTER UND BRIAN BAGNALL

TOMUS

ISBN 3-8231-0163-3

Lang·schlä·fer [ˈlaŋʃlɛːfɐ]

⟨sind⟩ Lebenskünstler, die sich ihre Träume im Schlaf erfüllen.

EIN FRÖHLICHES WÖRTERBUCH FÜR ALLE NACHTSCHWÄRMER, TAGTRÄUMER UND ANDERE LANGSCHLÄFER, DIE VIEL SCHLAFEN, UM FIT FÜR DIE SCHÖNSTEN DINGE DES LEBENS HELLWACH ZU SEIN VON FRITZ FENZL UND JELCER WILK

TOMUS

ISBN 3-8231-0192-7

Fröh·li·che Wör·ter·bü·cher von A bis Z

lau·fen [ˈlaʊfn̩]

⟨ist⟩ die Kunst, schnell voranzukommen, ohne dabei jemals mit beiden Beinen zugleich auf der Erde zu stehen.

EIN FRÖHLICHES WÖRTERBUCH FÜR SPRINTER, JOGGER, MARATHON-, HÜRDEN- UND HINDERNISLÄUFER UND ALLE, DIE OHNE FREMDE HILFE VORWÄRTS KOMMEN WOLLEN. VON ANDREAS GÖTZE UND KLAUS PUTH

TOMUS

ISBN 3-8231-0193-5

Leh·rer [ˈleːrɐ]

⟨sind⟩ ehemalige Schüler, die am liebsten verlieren würden, wie sie ihre eigenen Lehrer behandelt haben.

EIN FRÖHLICHES WÖRTERBUCH NICHT NUR FÜR LEHRER, SONDERN AUCH FÜR ALLE, DIE MAL MIT LEHRERN ZU TUN HABEN ODER HATTEN VON FRITZ FENZL UND WOLFGANG WILLNAT

TOMUS

ISBN 3-8231-0164-1

Leicht·ath·le·tik [ˈlaɪçtʔatˈleːtɪk]

⟨ist⟩ die Kunst, im ständigen Kampf gegen die Uhr, die Schwerkraft und den Wind, den Mut nicht zu verlieren und sich außerdem noch erfolgreich gegen die hartnäckige Konkurrenz durchzusetzen.

EIN FRÖHLICHES WÖRTERBUCH FÜR ALLE SPRINTER, SPRINGER-ASSE, HOCHJÄGER, SCHLEUDER-RIESEN, STOSSER SOWIE LEICHTATHLETIK-FREAKS AUF DER TRIBÜNE UND VOR DEM FERNSEHSCHIRM VON STEFAN MARKS UND PETER BUTSCHKOW

TOMUS

ISBN 3-8231-0169-2

Män·ner [ˈmɛnɐ]

⟨sind⟩ große Kinder, die um so anstrengender sind, je älter sie werden.

EIN FRÖHLICHES WÖRTERBUCH FÜR VERTRETER DES "STARKEN" GESCHLECHTS, DIE IHRER SCHWACHEN WEGEN GELIEBT WERDEN, UND FÜR DEREN BESSERE HÄLFTEN VON RUDOLF BONSEN UND PETER RUGE

TOMUS

ISBN 3-8231-0170-6

Ma·nage·ment [ˈmɛnɪdʒmənt]

⟨ist⟩ die Kunst, die Verantwortung für Entscheidungen zu tragen, die man selbst am liebsten gar nicht treffen möchte.

EIN WÖRTERBUCH FÜR VORGESETZTE, DEREN EHEFRAUEN UND MITARBEITER UND ANDERE UNMITTELBAR BETROFFENE VON LUDWIG SCHATZ UND KLAUS PUTH

TOMUS

ISBN 3-8231-0124-2

Mark Bran·den·burg heiter betrachtet

DER FRÖHLICHE REISEFÜHRER FÜR O.. W.-, O.- UND BLITZ-MÄRKER, FONTANE-FANS UND ALLE, DIE IHM GETREU "DEN GUTEN WILLEN HABEN, DAS GUTE ZU FINDEN" VON GABRIELE STAVE UND LOUIS RAUWOLF

TOMUS

ISBN 3-8231-0539-6

mo·tor·rad·fah·ren [ˈmoːtɔrat ˈfaːrən]

⟨ist⟩ die Kunst, mit kühlem Kopf auf einem heißen Ofen voll abzufahren.

EIN FRÖHLICHES WÖRTERBUCH FÜR MOTORRADFAHRER-INNEN, BEIFAHRERINNEN, BIKER, ROCKER, EASY RIDER UND ALLE, DIE GERN AUF EINEM FEUERSTUHL HOCKEN VON DOROTHEA JORUTSCH UND PETER RUGE

TOMUS

ISBN 3-8231-0140-4

Moun·tain·bike [ˈmaʊntənbaɪk]

⟨ein⟩ geländegängiges, mit zwei Rädern und mindestens 18 Gängen ausgestattetes Gefährt, mit dem man praktisch überall hinkommt, sofern man die nötigen Muskeln verfügt.

EIN FRÖHLICHES WÖRTERBUCH FÜR ALLE SPRINTER, EINRADLER, WALD- UND WIESENSTRAMPLER, UPHILL-FREAKS UND DOWNHILL-RACER. VON JOSEF EBNER UND PETER RUGE

TOMUS

ISBN 3-8231-0194-3

Mün·chen heiter betrachtet

EIN FRÖHLICHER REISEFÜHRER UND VERFÜHRER DURCH EINE SÜDLICHE WELTSTADT MIT HERZ, IN DER SICH AUCH NÖRDLICHE UND ANDERE PREUSSEN WIE AMERIKANER, JAPANER UND CHINESEN WOHLFÜHLEN VON FRITZ FENZL UND ERNST HÜRLIMANN

TOMUS

ISBN 3-8231-0538-8

Mut·ter [ˈmʊtɐ]

⟨ist die⟩ Berufsbezeichnung für eine unbezahlte Arbeitskraft, die zum Wohle der Familie keine Mühen scheut, jede Menge Liebe verströmt und klaglos alle Sorgen auf sich nimmt, ohne je zu kündigen zu können.

EIN FRÖHLICHES WÖRTERBUCH FÜR SCHWANGERE, WÖCHNERINNEN, GESTRESSTE VÄTER, GELIEBTE MÜTTER UND GROSSMÜTTER SOWIE DEREN KINDER UND ENKEL. VON BIRTE PRÖTTEL UND JULIA DRINNENBERG

TOMUS

ISBN 3-8231-0185-4

TOMUS-
Bücher
machen
Spaß

Neu·es Heim [nɔys haim]
ISBN 3-8231-0117-X

Oma & Opa [o:ma & o:pa]
ISBN 3-8231-0171-4

Pfer·de·sport [pfɛːrdeʃpɔrt]
ISBN 3-8231-0156-0

Rad·fahren ['rad-fahren]
ISBN 3-8231-0109-9*

rei·ten [raitn]
ISBN 3-8231-0175-7

ru·dern [ruːdɐn]
ISBN 3-8231-0172-2

Salz·burg
heiter betrachtet
ISBN 3-8231-0535-3

Schach·spie·len [ʃaxʃpiːlən]
ISBN 3-8231-0174-9

Schles·wig-Hol·stein
heiter betrachtet
ISBN 3-8231-0537-X

Schu·le ['ʃuːlə]
ISBN 3-8231-0111-0

Schweiz
heiter betrachtet
ISBN 3-8231-0536-1

Fröh·li·che Wör·ter·bü·cher von A bis Z

Schwie·ger·mut·ter [ʃviːɡɐmʊtɐ]
ISBN 3-8231-0183-8

schwim·men [ʃvɪmən]
ISBN 3-8231-0184-6

se·gel·flie·gen [zeːɡlfliːɡn]
ISBN 3-8231-0151-X

se·geln ['zeːɡln]
ISBN 3-8231-0130-7

sin·gen [zɪŋən]
ISBN 3-8231-0158-7

Skat·spie·len [skaːtʃpiːlən]
ISBN 3-8231-0125-0

ski·fahren [ʃiːfaːrn]
ISBN 3-8231-0131-5

Spaß beim Backen
147 ausgesucht raffinierte Rezepte
ISBN 3-8231-0530-2

Spaß beim Kochen
164 heiße Rezepte für die schnelle Küche
ISBN 3-8231-0531-0

spie·len [ʃpiːln]
ISBN 3-8231-0195-1

TOMUS-Bücher machen Spaß

sport·flie·gen [ʃport-fliːgṇ]

‹ist› die Kunst, sich freiwillig auf den Spruch einzulassen: „Runter kommen sie immer!"

EIN FRÖHLICHES WÖRTERBUCH FÜR BERUFS- UND HOBBY-PILOTEN, FLUGLEHRER UND -SCHÜLER, FLUGLOTSEN, MECHANIKER UND ANDERE UNMITTELBAR BETROFFENE VON B. PRENDTNER, P. ELGASS UND V. THOMALLA MIT ZEICHNUNGEN VON H. MAUCH

ISBN 3-8231-0141-2

Squash [skvɔʃ]

‹ist› die Kunst, in einer betonierten Arena einen kleinen Kautschukball mit Hilfe eines Rackets so lange gegen vier Wände zu donnern, bis der Gegner endlich 9 Punkte hat.

EIN FRÖHLICHES WÖRTERBUCH FÜR ALLE, DIE IN IHRER FREIZEIT RICHTIG INS SCHWITZEN KOMMEN WOLLEN UND DAFÜR AUCH JEDE MENGE BLESSUREN IN KAUF NEHMEN VON STEFAN MARKUS UND HEL MUT MAUCH

ISBN 3-8231-0150-1

Steu·ern & Fi·nan·zen [ʃtoyɐn & finantsṇ]

‹sind› die Lebensnerven des Staates, dem jeder so wenig wie möglich geben möchte, um im Gegenzug so viel wie möglich zurückzubekommen.

EIN FRÖHLICHES WÖRTERBUCH FÜR EINFALLSREICHE STEUERBERATER, GESTRESSTE FINANZBEAMTE, LUSTIGE STEUERANWÄLTE, GETARNTE STEUERFAHNDER, TERMINGERECHTE FINANZ-PRÄSIDENTEN UND ALL DIE VIELEN VOM FORMULARKRIEG ERMÜDETEN GEPLAGTEN STEUERZAHLER VON KLAUS GOPPERT UND KLAUS PUTH

ISBN 3-8231-0145-5

stu·die·ren [ʃtuˈdiːrən]

‹ist› die Kunst, sich während der besten Jahre des Lebens auf einen Beruf vorzubereiten, der längst von anderen besetzt

EIN FRÖHLICHES WÖRTERBUCH FÜR STUDIS, EX-STUDIS, ASSIS, PROFIS UND ANDERE GESCHEITERTE EXISTENZEN VON GÜNTER ANDRÉ UND BRIAN BAGNALL

ISBN 3-8231-0146-3

sur·fen [səːfṇ]

‹ist› die teuerste Möglichkeit, bei jedem Wind und Wetter baden zu gehen.

EIN WÖRTERBUCH FÜR ZWEI-HAND-SEGLER, SURFBOARD-KAPITÄNE UND ANDERE WASSERRATTEN VON J. EBNER, M. FUNCKE UND P. RUGE

ISBN 3-8231-0115-3

tan·zen [ˈtantsṇ]

‹ist› die Kunst eines Paares, sich auf kleinstem Raum so frei wie irgendmöglich zu bewegen, ohne sich und anderen dabei auf die Füße zu treten.

EIN FRÖHLICHES WÖRTERBUCH FÜR TANZLEHRER UND TANZSCHÜLER, STANDARDTÄNZER UND LATEINAMERIKANER, TANZKREISLER, TANZROLLER, SWINGER, SAMBA-WALTER, TANGO-TIGER UND SALSA-BRASILIANER VON FRIEDEL SCHÖNEFELD, PETER PESCHKE, U. A.

ISBN 3-8231-0178-1

tau·chen [ˈtaʊxṇ]

‹ist› die Kunst, sich in einer Kunststofthaut, ausgerüstet mit Bleien und anomalen Schwimmhäuten, unter großem Druck so wohl zu fühlen wie ein Fisch im Wasser.

EIN WÖRTERBUCH FÜR ALLE, DEREN ELEMENT DAS WASSER IST, WIE BERUFSTAUCHER, MÖCHTEGERNKIEMER, BASISLEITER, SCHNORCHLER UND ANDERE FLOSSENTRÄGER VON O. FRANK UND PETER RUGE

ISBN 3-8231-0118-8

Ten·nis [ˈtɛnis]

‹ist› die Kunst, auf einen harmlosen Gummiball so loszudreschen, daß entweder der Gegner oder der Ball oder beide für immer vom Platz verschwinden.

EIN WÖRTERBUCH FÜR CRACKS, BALLAKROBATEN, TENNISFANS UND ALLE, DIE SICH BEIM JOGGING ZU EINSAM FÜHLEN VON MICHAEL FUNCKE

ISBN 3-8231-0103-X*

Tisch·ten·nis [ˈtɪʃtɛnis]

‹ist› die Kunst, eine 2,5 Gramm leichte Zelluloidkugel auf Höchstgeschwindigkeit zu bringen und dann ganz knapp ...

EIN FRÖHLICHES WÖRTERBUCH FÜR ALLE AMATEURE, FANS, GARTEN-, HOBBY- UND KELLER-SPORTLER UND ALLE, DIE SCHON IMMER MAL EIN NETZ ÜBER DEN FAMILIENTISCH SPANNEN WOLLTEN VON STEFAN MARKUS UND MOSHE SÜSSER

ISBN 3-8231-0155-2

tur·nen [ˈtʊrnṇ]

‹ist› die Kunst, an verschiedenen Geräten so elegant in Gefahr zu begeben, daß selbst ein kurzsichtiger Kampfrichter nicht umhin kann, die Höchstnote zu geben.

EIN FRÖHLICHES WÖRTERBUCH FÜR FLUGZEUGE MENSCHEN AM RECK UND BARREN, JUNGEN UND MÄDCHEN IN DER LUFT, ÜBERDREHTE PUNKTRICHTER, LANGLEBIGE FUNKTIONÄRE UND ZUSCHAUER, DIE SCHON BEI TÜRÜBUNGEN KÖRPERLICHE VERZÜCKUNGEN ... VON GERRIT WÖRCKNER UND KLAUS MEINE

ISBN 3-8231-0161-7

Um·welt·schutz [ˈʊmvɛltʃuts]

‹ist› die Kunst, die Natur durch Menschen vor Menschen und ihren Bedürfnissen zu bewahren.

EIN FRÖHLICHES WÖRTERBUCH FÜR DIE WACHSENDE SCHAR VON UM-WELTSCHÜTZERN UND NATURLIEBHABERN VON STEFANIE SANDERS UND KLAUS PUTH

ISBN 3-8231-0197-8

Fröh·li·che Wör·ter·bü·cher von A bis Z

Va·ter [ˈfaːtɐ]

‹werden ist› die Nichtkunst, den kleinen Anstoß für einen neuen Erdenbürger zu geben, und die große Kunst, dann jahrelang die Nerven zu behalten.

EIN FRÖHLICHES WÖRTERBUCH FÜR VERLIEBTE, VERLOBTE, VERHEIRATETE, EHEBERATER, AUFKLÄRUNGSEXPERTEN UND PSYCHOLOGEN VON GERRIT WÖRCKNER UND KLAUS PUTH

ISBN 3-8231-0160-9

ver·arz·ten [fɛrˈʔaːrtstṇ]

‹ist› die Kunst des Arztes, einen Patienten so zu behandeln, daß er recht bald und gerne wieder zu ihm kommt.

EIN WÖRTERBUCH FÜR HEILUNGSUCHENDE, ÄRZTE, ASSISTENZÄRZTINNEN, KRANKENSCHWESTERN, APOTHEKER, HEILPRAKTIKER UND SANITÄTER VON DR. MED. MICHAEL FUNCKE

ISBN 3-8231-0132-3

ver·hei·ra·tet [fɛr hai raːtət]

Zustand vorübergehender Verliebtheit, der im Idealfall ein Leben lang anhält.

EIN BELEHRENDES WÖRTERBUCH FÜR HEIRATSLUSTIGE, BRAUTPAARE, EHESCHLIESSENDE, EHEJUBILARE, HAUSFREUNDE UND ANDERE BETROFFENE VON C. J. FRANK

ISBN 3-8231-0133-1

Ver·kauf & Wer·bung [fɛrkauf unt vɛrbuŋ]

‹ist› die Kunst, sich nach Meinung des Kunden Richtige einfallen zu lassen, um Ware schneller an den Mann/die Frau zu bringen – auch wenn sie eigentlich niemand braucht.

EIN FRÖHLICHES WÖRTERBUCH FÜR WERBETREIBENDE, ART-DIRECTORS, HANDELSVERTRETER UND ALLE, DIE WISSEN WOLLEN, WIE IHRE GEGENÜBER ZU JEDER DUMMHEIT KOMMEN VON GÜNTER STEIN UND KLAUS PUTH

ISBN 3-8231-0148-X

ver·liebt [fɛrˈliːpt]

‹sein ist› die Kunst, den Kopf zu verlieren und trotzdem wundervoll weiterzuleben.

EIN FRÖHLICHES WÖRTERBUCH FÜR ALL DIE GLÜCKLICHEN, DIE ALLE LIEBE VORÜBERGEHEND ZU JEDER DUMMHEIT FÄHIG SIND VON C. J. FRANK UND PETER RUGE

ISBN 3-8231-0142-0

Ver·si·che·run·gen [fɛrˈzɪçəˌrʊŋən]

‹sind› die Lebensgrundlagen des Wohlstands, denn ohne Sicherheit geht nix, würde keiner was riskieren, Geld geben oder nehmen.

EIN FRÖHLICHES WÖRTERBUCH FÜR KRANKE, GESUNDE, SOZIALPOLITIKER, AUTOFAHRER, HAUSBESITZER, INVESTOREN UND ALLE ANDEREN VERSICHERUNGS-NEHMER VON BERND ELLERMANN UND KLAUS PUTH

ISBN 3-8231-0199-4

vi·deo·fil·men [video filmən]

‹ist› die Kunst, als Amateur gleichzeitig sein eigener Drehbuchautor, Komponist, Kameramann und Regisseur zu sein.

EIN FRÖHLICHES WÖRTERBUCH FÜR JUNGFILMER, DOUBLES, KRITIKER, PROGRAMMDIREKTOREN, SCHAUSPIELSCHÜLERINNEN, SCHMALFILMER UND TALENTSUCHER VON KLAUS MÖLLER UND HANS ULLRICH

ISBN 3-8231-0099-8

wan·dern [ˈvandɐn]

‹ist› die Lust, aus eigenem Antrieb vorab meist unterschätzte Strapazen in der Hoffnung auf sich zu nehmen, glücklich an den Ausgangspunkt zurückzukehren.

EIN FRÖHLICHES WÖRTERBUCH FÜR FLACHLAND-, BERG-, RAD-, WASSER- UND WATTWANDERRATTEN FÜR FUSSKRANKE UND IHRE SANITÄTER, HÜTTENWIRTE UND ZWANGSREKRUTIERTE FAMILIENANGEHÖRIGE VON NIKOLAUS BAVARIUS UND JOHANN S. SCHRANK

ISBN 3-8231-0186-2

Wien heiter betrachtet

EIN FRÖHLICHER REISEFÜHRER FÜR GEBÜRTIGE WIENER, FÜR ZUGEREISTE UND FÜR NEUE UND IMMER WIEDER KEHRENDE GÄSTE DER LIEBENSWERTEN WIENERSTADT VON BARTEL F. SINHUBER UND DIETER ZEHENTMAYR

ISBN 3-8231-0547-7